U0871156

破解融资困局

中小企业融资渠道·政策·实务

孔令学 张文亮 王静◎著

中国市场出版社
China Market Press

图书在版编目（CIP）数据

破解融资困局：中小企业融资渠道·政策·实务/孔令学，张文亮，王静著．—北京：中国市场出版社，2016.1

ISBN 978-7-5092-1422-0

Ⅰ.①破… Ⅱ.①孔…②张…③王… Ⅲ.①中小企业-融资渠道-研究-中国 Ⅳ.F279.243

中国版本图书馆 CIP 数据核字（2015）第 289160 号

破解融资困局

POJIE RONGZI KUNJU

中小企业融资渠道·政策·实务

著　　者　孔令学　张文亮　王　静
责任编辑　许　慧
责编邮箱　xu_ hui1985@126. com
出版发行　中国市场出版社
社　　址　北京市西城区月坛北小街 2 号院 3 号楼　　邮政编码　100837
电　　话　编辑部（010）68012468　读者服务部（010）68022950
发行部（010）68021338　68020340　68053489
68024335　68033577　68033539
总编室（盗版举报）（010）68020336
经　　销　新华书店
印　　刷　高碑店市鑫宏源印刷包装有限责任公司
规　　格　210mm×285mm　16 开本　　版　　次　2016 年 1 月第 1 版
印　　张　12.5 印张　　印　　次　2016 年 1 月第 1 次印刷
字　　数　250 千字　　定　　价　38.00 元

版权所有　侵权必究　印装差错　负责调换

preface 前言

近日，阿里巴巴总裁马云在刚刚结束的2015年APEC工商领导人峰会上与美国总统奥巴马对话时说：中小企业是最具创新力的企业。中小企业对社会经济发展的作用有目共睹。统计资料显示，中小企业是数量最庞大的经济主体，2014年年底我国工商登记注册的中小企业已达1023万户；中小企业是社会就业的主力军，提供了超过3/4的城镇就业机会；中小企业是社会财富的重要创造者，创造了近半数的国民生产总值；同时，中小企业更是技术创新最活跃的实践者和拉动经济增长的新生力量，刚刚度过的双“11”全民购物狂欢节不断刷新的天量成交额背后凝聚的是数千万中小企业的创新和创造。如果把一个国家的国民经济比作一座大厦，那么中小企业犹如这座大厦上的砖瓦，没有中小企业，大厦亦难建成。从这个意义上说，中小企业是社会主义市场经济的重要组成部分，中小企业兴旺则市场经济兴盛，市场经济兴盛则国家强盛。

目前我国已进入“大众创业、万众创新”的新时代，中小企业将迎来一个快速发展的春天。然而，受制于中小企业个体实力较弱、规模较小、生命周期较短、发展不平衡等内在特征，以及社会负担重、经营成本高、制度性歧视、市场环境差等外部因素，我国中小企业融资难、融资贵的问题还非常突出，可以说大部分中小企业仍然身陷融资困局之中。中小企业要生存、发展和壮大，离不开技术和资金两大基本要素，解决融资难题是国家扶持中小企业发展若干举措的重中之重。近年，从鼓励银行放松贷款到拓宽资本市场融资渠道，从支持创新股权融资到放松民间借贷限制，中小企业融资渠道已然越来越宽。然而，受限于传统的思维，大多数中小企业或者重视技术创新，或者重视市场营销，不到急需时不考虑融资问题，而且通常只把目光盯在银行贷款上，没有整体的融资渠道概念，无法找到最适合本企业的融资工具，不仅难以助力企业发展，甚至还可能成为企业脱困的绊脚石。

知己知彼，方能百战不殆。实践中，中小企业如何把握融资成本和融资机会、化解融资风险，迫在眉睫。本书作者或供职于中国人民银行系统，或主要从事民间融资业务，不仅熟知中小企业的融资供求现状，还对国家金融政策有比较全面的了解；不仅熟悉宏观金融政策的变动情况，还掌握适用于中小企业的各类微观金融政策，并在实践中为很多中小企业提出切实可行的融资渠道选择建议和操作指导，取得了比较好的社会和经济效益。为了帮助更多的中小企业成功走出融资难、融资贵困境，我们结合中央银行工作中掌握的融资政策和从事中小企业融资服务的操作经验，本着简明扼要的原则，编写了这本专门为中小企业经营者全面介绍最新的融资政策、渠道和工具的专业图书。

我们认为，中小企业不宜过分强调资金上的自力更生，更要学会借鸡下蛋，学会借助融资变弱为强，变小为大。在融资渠道和融资工具选择上，要放宽视野，充分利用国家和地方金融政策，结合中小企业自身业务、经营和和技术特点，选择最适合的融资渠道和工具，用最小的成本在最短的时间里成功融得最适量的外部资金，同时要保持中小企业经营和融资的可持续性，从而脱离市场困境和资金困局，实现经营自主、资金自主、持续健康稳定发展。基于这一考虑，本书对我国现行适用于中小企业的各类融资渠道和融资工具进行了全面梳理，点出了七个主要的融资渠道：政策性银行贷款、商业银行贷款、信托融资、资本市场融资、创业股权融资、债券融资和民间融资，并简要介绍了各融资渠道中的融资主体、融资工具和融资政策与法规。

需要说明的是，本书规划的读者不是中小企业的财务人员和其他专业融资人员，而是一本专为指导中小企业经营者系统学习了解融资政策、渠道和工具，做出科学融资决策的专业图书。本书的目的是使他们在知悉本企业发展目标、经营状况和融资需求的知己基础上，全面了解和比较选择适用于我国中小企业的各类融资渠道和工具，通过知彼来找到和决定企业最佳的融资渠道和融资工具，指导和安排专业人士提出最优融资方案，帮助企业破解融资困局。

作　者

2015年12月

contents 目录

第一章
中小企业融资政策法规与渠道概述

21 世纪是中小企业的世纪，在“大众创业、万众创新”的新常态下，中小企业迎来了快速发展的春天。目前，设立中小企业已然比较容易，但中小企业融资难、融资贵的问题还非常突出，不但需要从制度层面加以改革和完善，也需要从操作层面提高中小企业融资管理能力，提高融资的可得性，满足中小企业做大做强的资金需求。

第一节　中小企业及其融资问题概述

中小企业虽然规模小，但是数量多，分布广，在国家社会经济中具有重要地位，并发挥着不可替代的重要作用。在我国经济转型时期，中小企业应当抓住发展机遇，积极拓展外部融资渠道，有效利用外部资金，突破发展困局，实现持续稳定快速增长。

一、中小企业的概念

中小企业是根据企业从业人员、营业收入、资产总额等指标，结合行业特点划定的企业类型，包括中型企业、小型企业和微型企业。企业规模划分办法目前执行的是工业和信息化部联合国家统计局、国家发展改革、财政部共同制定的《中小企业划型标准规定》，以及国家统计局据此制定的《统计上大中小微型企业划分办法》，详见表1－1。该规定和办法适用于在中国境内依法设立的各种组织形式的法人企业或单位，个体工商户也参照实行。

表1－1　统计上大中小微型企业划分办法（国统字〔2011〕75号）

行业名称	指标名称	计量单位	划分办法			
			大型	中型	小型	微型
农、林、牧、渔业	营业收入（Y）	万元	Y≥20000	500≤Y<20 000	50≤Y<500	Y<50
工业*	从业人员（X）	人	X≥1 000	300≤X<1 000	20≤X<300	X<20
	营业收入（Y）	万元	Y≥40 000	2 000≤Y<40 000	300≤Y<2 000	Y<300
建筑业	营业收入（Y）	万元	Y≥80 000	6 000≤Y<80 000	300≤Y<6 000	Y<300
	资产总额（Z）	万元	Z≥80 000	5 000≤Z<80 000	300≤Z<5 000	Z<300
批发业	从业人员（X）	人	X≥200	20≤X<200	5≤X<20	X<5
	营业收入（Y）	万元	Y≥40 000	5 000≤Y<40 000	1 000≤Y<5 000	Y<1 000
零售业	从业人员（X）	人	X≥300	50≤X<300	10≤X<50	X<10
	营业收入（Y）	万元	Y≥20 000	500≤Y<20 000	100≤Y<500	Y<100
交通运输业*	从业人员（X）	人	X≥1 000	300≤X<1 000	20≤X<300	X<20
	营业收入（Y）	万元	Y≥30 000	3 000≤Y<30 000	200≤Y<3 000	Y<200
仓储业	从业人员（X）	人	X≥200	100≤X<200	20≤X<100	X<20
	营业收入（Y）	万元	Y≥30 000	1 000≤Y<30 000	100≤Y<1 000	Y<100
邮政业	从业人员（X）	人	X≥1 000	300≤X<1 000	20≤X<300	X<20
	营业收入（Y）	万元	Y≥30 000	2 000≤Y<30 000	100≤Y<2 000	Y<100
住宿业	从业人员（X）	人	X≥300	100≤X<300	10≤X<100	X<10
	营业收入（Y）	万元	Y≥10 000	2 000≤Y<10 000	100≤Y<2 000	Y<100

续表

行业名称	指标名称	计量单位	划分办法			
			大型	中型	小型	微型
餐饮业	从业人员（X）	人	X≥300	100≤X<300	10≤X<100	X<10
	营业收入（Y）	万元	Y≥10 000	2 000≤Y<10 000	100≤Y<2 000	Y<100
信息传输业＊	从业人员（X）	人	X≥2 000	100≤X<2 000	10≤X<100	X<10
	营业收入（Y）	万元	Y≥100 000	1 000≤Y<100 000	100≤Y<1 000	Y<100
软件和信息技术服务业	从业人员（X）	人	X≥300	100≤X<300	10≤X<100	X<10
	营业收入（Y）	万元	Y≥10 000	1 000≤Y<10 000	50≤Y<1 000	Y<50
房地产开发经营	营业收入（Y）	万元	Y≥200 000	1 000≤Y<200 000	100≤Y<1 000	Y<100
	资产总额（Z）	万元	Z≥10 000	5 000≤Z<10 000	2 000≤Z<5000	Z<2 000
物业管理	从业人员（X）	人	X≥1 000	300≤X<1 000	100≤X<300	X<100
	营业收入（Y）	万元	Y≥5 000	1 000≤Y<5000	500≤Y<1 000	Y<500
租赁和商务服务业	从业人员（X）	人	X≥300	100≤X<300	10≤X<100	X<10
	资产总额（Z）	万元	Z≥120 000	8 000≤Z<120 000	100≤Z<8 000	Z<100
其他未列明行业＊	从业人员（X）	人	X≥300	100≤X<300	10≤X<100	X<10

说明：1. 大型、中型和小型企业须同时满足所列指标的下限，否则下划一档；微型企业只须满足所列指标中的一项即可。

2. 本表中各行业的范围以《国民经济行业分类》（GB/T4754—2011）为准。带＊的项为行业组合类别，其中，工业包括采矿业，制造业，电力、热力、燃气及水生产和供应业；交通运输业包括道路运输业，水上运输业，航空运输业，管道运输业，装卸搬运和运输代理业，不包括铁路运输业；信息传输业包括电信、广播电视和卫星传输服务，互联网和相关服务；其他未列明行业包括科学研究和技术服务业，水利、环境和公共设施管理业，居民服务、修理和其他服务业，社会工作，文化、体育和娱乐业，以及房地产中介服务，其他房地产业等，不包括自有房地产经营活动。

3. 企业划分指标以现行统计制度为准。（1）从业人员，是指期末从业人员数，没有期末从业人员数的，采用全年平均人员数代替。（2）营业收入，工业、建筑业、限额以上批发和零售业、限额以上住宿和餐饮业以及其他设置主营业务收入指标的行业，采用主营业务收入；限额以下批发与零售业企业采用商品销售额代替；限额以下住宿与餐饮业企业采用营业额代替；农、林、牧、渔业企业采用营业总收入代替；其他未设置主营业务收入的行业，采用营业收入指标。（3）资产总额，采用资产总计代替。

二、中小企业的特点

我国中小企业既具有全球范围内中小企业的基本特点，也具有社会主义市场经济体制下的特有属性。概括地看，我国中小企业主要有以下六个方面的特点：

（1）个体实力较弱，规模较小。顾名思义，中小企业在规模上自然是中型、小型和微型企业，规模小必然也存在着实力弱的现实情况。这主要是因为中小企业或者处于发展的初创时期，或者由于缺乏进行并购重组的实力，或者缺乏外部资金支持，即使能在市场上生存下来，通常也只能依靠自身资本积累缓慢扩张企业规模。所以，从总体上看，中小企业个体实力较弱，规模偏小。

（2）多种经济组织，数量庞大。改革开放以来，各种所有制和组织形式的经济组织迅速发展起来，从组织形式上看，中小企业涵盖了股份公司、有限公司、一人公司、合伙企业、专业合作社等多种经济组织，尤以有限公司为众。从数量上看，从20世纪末21世纪初开始，中小企业数量已占全国工商登记注册企业总数的99%，目前仍呈总体增长态势。

（3）设立相对容易，出生率高。中小业注册资本相对较少，大部分企业不需要实行注册登记前置审批，其设置总体上相对容易。党的十八大以后，国家全面改革商事制度，企业登记注册实行注册资本认缴制，并将部分企业前置审批改为后置审批，一元钱注册公司、即时注册公司都已不再是梦，中小企业登记设立更加容易，新登记企业绝大多数是中小企业，中小企业登记注册数量同比出现了大幅增长。根据国家工商总局统计，从2014年3月到2015年2月，全国新登记注册企业383.23万户，增长49.83%；2015年上半年，全国新登记注册市场主体685.1万户，比上年同期增长15.4%；注册资本（金）12.9万亿元，同比增长38.4%。其中，企业200.1万户，增长19.4%，注册资本（金）12万亿元，增长43.0%；第三产业企业160.7万户，同比增长22.6%，占企业新登记注册总数的80.3%。

（4）生命周期较短，死亡率高。市场经济既充满机遇，也充满风险，在市场经济的大风大浪中，中小企业由于规模小、实力弱，管理能力和技术水平都无法与大型企业抗衡，生命周期大都比较短。根据资料，美国中小企业每年大约新增注册60万户，其中一半生命周期只有1年半，能维持经营10年的还不到10%。我国中小企业也存在高出生率、高死亡率的特点，除部分休眠企业外，大部分中小企业生命周期不超过5年。大树是由小树苗长成的，没有中小企业，也就没有大型和特大型企业，这不但是因为大型和特大型企业生产经营离不开中小企业提供的产品和服务，还在于除了少数直接组建者以外，绝大多数大型和特大型企业都是由中小企业成长壮大起来的。在市场经济大潮中，部分中小企业可以发挥船小好掉头的优势，更准确地把握市场动态，及时调整企业发展战略和经营思路，实现以小制胜，甚至迅速做大做强。这方面的例子不胜枚举，如海尔集团、联想集团等国内外知名的特大型企业集团都是由几十人的小微企业发展起来的。

（5）两极多元发展，类型齐全。我国中小企业经过多年的发展，已经从过去以资源消耗型为主转向两极多元化发展的新格局，其中一极是劳动力密集型企业，涵盖服务业和第一、第二产业；另一极是技术密集型企业，特别是基于互联网、新材料、新能源、生物技术、环保技术等新技术应用的中小企业发展迅速，已成为技术创新的重要力量。目前，中小企业除了采取前述多种经济组织形式外，还呈现明显的多元化发展态势，包括：业务多元化，即中小企业的主营业务几乎涉及所有产业和所有行业；区域多元化，即中小企业市场区域不仅涵盖全国城市和乡村，还延伸到绝大多数国家和地区的国际市场；投资主体多元化，即中小企业股东包括地方政府、国有企业、民营企业、外资公司、中外合资企业、中外合作经营企业、中国公民和外国公民等各类投资主体；资金来源多元化，即中小企业的实际投资不限于现金出资，还包括土地、厂房、机器设备等实物资产，以及专利、商标、专有技术、管理技术等无形资产；融资途径多元化，即中小企业的融资不仅包括银行贷款、民间借贷等传统的间接融资模式，还逐步拓展到资本市场融资，特别是近几年部分技术密集型中小企业发挥技术创新优势，积极利用资本市场，通过股份制改革和 IPO、借壳重组等途径，在中小板、新三板、纳斯达克和其他股票市场成功上市，成为直接融资的主要力量。

（6）发展不平衡，差别较大。中小企业贴近市场、贴近用户，处于市场竞争最激烈的领域，是市场经济的主体和市场体制的微观基础。由于市场竞争程度不同、地区不同、行业不同等诸多原因，中小企业存在明显的发展不平衡性，差别和差距都比较大。最明显的当属地区差别，这是因为我国从计划经济逐步转向市场经济的过程中，从南到北，从东到西，市场理念的接受有快有慢，而中小企业从设立到经营基本都暂时阶段性地局限于某一地区。同时，中小企业完全市场化运营也需要一个过程，这中间就产生了中小企业发展的地区不平衡性，大致地看，东部广东、浙江、上海、江苏、山东等发达地区中小企业也比较发达，南方地区的中小企业也更加贴近自由竞争市场。我国中小企业另一个比较明显的差别是行业差别，这和中小企业的两极性密切相关，即由于大部分中小企业所依赖的劳动力和其他资源具有一定的周期性，很容易出现行业性亏损局面。另外，高新技术中小企业由于技术创新的持续性要求，只有极少部分能做到勇立潮头，保持行业领先地位，其他大部分则会失去行业性发展机会，进而被市场淘汰，这也是造成中小企业行业差别的重要原因。

三、中小企业的地位和作用

如果把我们国家比作一座大厦，国有大型和特大型企业就是我们社会主义国家的经济基石，基石不稳，大厦会倾覆；中小企业则是这座大厦建筑上的砖瓦，没有中小企业，大厦难成，更不可能遮风挡雨。从这个意义上说，中小企业是社会主义市场经济的重要组成部分，中小企业兴旺则市场经济兴盛，市场经济兴盛则国家强盛，中小企业是实现强国富民的重要保障，也是落实“大众创业、万众创新”重要国策的有生力量，更是攸关国家社会稳定和经济持续健康发展的经济主力军。

（1）中小企业是社会就业的主力军。据有关资料，目前世界各国社会就业率超过 60% 是由中小企业提供的。随着我国社会主义市场经济的进一步完善和国有企业改革的不断推进，中小企业成为我国新增就业的最重要渠道，提供了超过 3/4 的城镇就业机会；同时，中小企业就业人群还呈现层次多样化的特点，在解决特殊就业人群方面发挥着国有企业难以替代的作用。在低端人才市场上，中小企业因其较低的用人要求直接吸纳了大量低学历、低技能的简单和非熟练劳动者。特别是在国有企业改革过程中，中小企业曾直接吸纳了大量下岗失业人员，是我国缓解国有企业改革下岗失业人员就业压力的主要渠道，还有一些下岗失业人员通过创办中小企业实现了自主创业。在高端人才市场上，中小企业因其灵活的用人政策吸纳了部分高层次、高技能人才的全职或兼职就业，特别是部分中小企业通过合作创业、股权激励、员工持股等形式吸纳部分高层次人才实现了自主创业与就业的有机融合，成为大众创业、万众创新的先导力量。在小城镇和乡村，中小企业也是主要的就业载体，是解决农民乡土就业的主要力量，改革开放以来从农村和农业中转移出来的劳动力大部分在中小企业实现了就业。不过，在劳动关系方面，部分中小企业还存在着劳动雇佣关系和劳务雇佣关系区分不明确、劳动保障机制不健全的问题，需要在发展中逐步解决。在大中城市，中小企业是社会服务业的主要承担者，不仅是安排新生就业力量的主力军，也是自主创业的主要载体。

（2）中小企业是社会财富的重要创造者。据不完全统计，世界各国国民生产总值的至少40%是由中小企业创造的。目前我国国有企业逐步从完全竞争领域和中小城市退出，在现行税收制度下，中小企业已经成为地方财政税收的来源，中央和省级政府的财政收入也在很大程度上依靠中小企业的税款，可以说稳定了中小企业就基本稳定了政府财政收入。同时，中小企业也是第一产业的主体，随着农业生产的公司化经营，特别是随着公司加农户逐步成为农业经营的重要形式，中小企业在农业生产经营中的地位越来越重要，成为农产品的重要提供者和直接社会财富的重要创造者。

（3）中小企业是技术创新最活跃的实践者。科学技术是第一生产力，随着社会分工趋向精细化和专业化，传统的生产要素在生产中的核心作用逐步被技术创新所代替，至少是部分代替，如机器人工厂就是一个很好的例证。随着技术创新的普及和加速，中小企业开始逐步成为技术创新的主体和新技术的重要应用者，在国家技术创新中的作用也越来越突出。这不仅源于中小企业有着更强的危机意识和技术创新意识，而且还在于中小企业市场反应灵活，在技术创新较快的行业中通常具有竞争优势，英美等发达国家的中小企业技术创新发展历程已经证明了这一点。如第二次世界大战后美国工业的61项基本发明中，45项是由中小企业完成的，占比接近74%；英国20世纪70年代的62项重要发明中，有38项是由中小企业创造的，占比亦超过61%。同时，随着社会经济活动趋向社会化、虚拟化、电子化（互联网+），技术创新更加社会化和常态化，新技术的应用也会越来越多地依靠中小企业，包括新技术替代和采用新技术直接设立新的中小企业等，中小企业必将进一步替代大企业成为技术进步中最活跃的创新主体。

(4) 中小企业是拉动经济增长的新生力量。历史地看，中小企业的作用呈U型发展规律。在农业经济时代，手工业经营主要采取家庭和中小企业经营模式；大工业时期以规模经营为特色，企业规模以大为主，中小企业重要性有所下降；后工业时期以知识经济为特色，中小企业再次成为拉动经济增长的新生力量。我国改革开放和市场经济建设过程中，中小企业更是经济增长的新生力量，无论是农村经济体制改革还是国有企业改革，都首先选择中小企业进行改革试点，可以说中小企业是发现新的经济增长力量、寻找经济增长突破口的试验田和马前卒。同时，中小企业设立相对容易，可以比较快速地实现新技术的应用和推广，目前我国社会进入了经济转型时期，国有企业逐步从竞争性领域退出，经济增长的核心推动力量是技术进步和创新，这也需要通过中小企业的迅速发展来实现大众创业、万众创新，通过技术进步推动社会经济持续稳定地增长。

四、中小企业的困境

中小企业在社会经济中具有重要地位，并发挥着不可替代的重要作用。在我国经济转型时期，中小企业面临着巨大的发展机遇，但由于其自身的特点，仍然存在着需要尽快突破的发展困境。当前中小企业面临以下三方面的困境：

(1) 中小企业社会负担重，企业经营成本高。国家针对中小企业制定了相应的财政税收等一系列扶持政策，而且也开始探索实行行政收费等项目的负面清单管理，以减轻企业负担。但目前看来，虽然中小企业税收负担在下降，但其他相关收费、摊派仍居高不下。以北京某小型旅行社为例，虽然对员工的直接工资支出人均不超过4000元人，但加上五险一金等社会保障硬性支出，以及残疾人事业基金等其他支出，人均工资性费用已近6000元人，这对微利的旅行社行业是个沉重的负担。目前，社会实际失业率不容乐观，同时，中小企业特别是服务业中小企业还存在用工荒的难题，在刚性机制作用下劳动用工成本居高不下，人员工资成为大部分中小企业最大的支出，经营成本过高成为中小企业提高竞争力的巨大障碍。

(2) 中小企业被歧视问题还没有从根本上解决。虽然政府已在很大程度上简政放权，也制定了针对中小企业的多项扶持政策，但现实中中小企业在市场竞争中还会经常被不公平对待，存在着所谓的“玻璃门”、“旋转门”“弹簧门”等现象。“玻璃门”是说政策虽然好，但对中小企业而言，看得见，却难兑现、难落实，犹如隔了一层玻璃门，可望而不可及。“旋转门”揭示了某些部门对中小企业，特别是中小民营企业看人下单式的歧视，如同设置了一个旋转门，一视同仁的背后通过设置障碍把中小企业挡在门外。“弹簧门”现象是指中小企业会被一些弹性规定挡在某些行业领域之外，形象地说明了中小企业刚刚涉足某一行业领域又被一些市场准入和进入门槛等“硬性政策”弹出的现象。例如，国家规定小额贷款有限责任公司的最低注册资本是500万元，小额贷款股份有限公司的注册资本不得低于1 000万元，但各省在地方性小额贷款公司管理规定中，均大幅提高了其准入门槛，最低注册资本大都提高10倍以上。

（3）中小企业面临的市场环境非常困难。绝大多数中小企业都身处完全竞争的市场，而且同质竞争现象比较严重，加上市场监管不到位等因素影响，中小企业低水平过度竞争的问题非常突出，有的甚至出现行业性亏损。同时，由于我国国有企业改革还在持续推进中，部分国有企业和中小企业还存在直接的竞争关系，大企业凭借其雄厚的资金实力和经济、政治优势，通过经济和非经济手段对中小企业形成强大的冲击，加剧了中小企业的生存困境。

五、中小企业的融资难题

对中小企业而言，最大最经常遇到的难题不是被歧视、竞争压力大，而是融资困难，在我国中小企业主要依靠银行贷款的现有融资格局下，融资难已成为制约中小企业快速成长的最大障碍，具体体现在以下三个方面：

（1）信息不对称，贷款可得性差。信息不透明、不对称是我国中小企业普遍存在的问题，由于缺乏有效的财务信息和规范的公司治理结构，中小企业的资产质量、经营情况、财务收支情况都处于不透明或者不完全可信的状态，对外融资时借款方或投资方需要投入大量的资源进行信息收集和分析，即使如此，也无法保证他们能得到充分、可靠和有效的信贷决策信息。所以中小企业并不是银行等金融机构最喜欢的客户，其贷款可得性整体偏低。据不完全统计，中小企业银行贷款从申请到获得贷款大约需要三周时间，而且其满足率大概只有一半左右，排除大量不符合条件者，中小企业的实际贷款可得性非常低。

（2）违约率高，担保条件要求严。如前所述，中小企业生命周期短，死亡率高，导致的直接结果是股权性融资困难，以银行贷款为主的债务性融资不易获得。通常情况下，银行等金融机构会要求中小企业提供充足、有效的担保，而中小企业大都处于轻资产行业，部分中小企业的土地、厂房等实物资产还可能因为产权等原因不符合抵押品条件，只能求助于多户联保或贷款保险，这又增加了被动违约风险和贷款成本。同时，银行等金融机构对联保户的审查也非常严格，对贷款保险的保险要求也比较苛刻，从而把需要外部资金支持的大量中小企业排除在银行等金融机构的贷款名单之外。

（3）供给渠道不畅，融资需求难以满足。改革开放以来，我国金融体制改革持续推进，金融市场体系和金融组织体系都不断健全，对中小企业的融资渠道已呈多元化发展态势，但其融资需求却很难得到有效满足。从直接融资方面看，中小板和新三板市场虽然放宽了上市要求，但也只有极少数规模较大的高新技术中小企业才符合条件，而且在注册制实施后监管部门也不会放任不管，仍然会有一个基本条件的审核程序，加上目前还有大量的中小企业在排队等待审批，上市融资对大多数中小企业来说仍是漫漫长途。所以对绝大多数中小企业来说，在多层次的资本市场融资仍是遥远的梦想。从间接融资方面看，银行等金融机构仍然是中小企业资金需求的供给主体，虽然政府和金融监管部门多次出台政策要求金融机构加大对中小企业的扶持力度，但由于缺乏足够的地方性金融机构和中小微金融机构，政策性银行、商业银行即使设立了中小企业信贷部门，其业务量和部门经济效益也都不尽如人意，对中小企业的信贷支持也远远不能满足其实际融资需求。

第二节　中小企业融资政策法规概述

中小企业是社会主义市场经济持续稳定发展的重要保障，国家对中小企业发展非常重视，不仅在完善社会主义市场经济法律体系，制定或修改相关法律和行政法规时统筹考虑中小企业发展及其适用问题，而且还适时制定相关国家政策，或指导政府部门和地方政府制定行业性、部门性和地方性中小企业发展促进政策、行政规章或其他规章性文件，后者更具体，更有针对性，也更具操作性，是中小企业融资运作的指引性规范。

一、普适性政策

改革开放以来，具有中国特色的社会主义市场经济体制改革稳步推进，取得了巨大成功。其成功是社会主义制度的成功，是中国特色道路的成功，也是中国共产党领导全国人民集中力量进行社会主义现代化建设的成功。中国共产党的核心领导地位是历史的选择，也是宪法的规定，所以中小企业最普适性的政策首先是党中央关于市场经济主体发展的总体指导政策。特别是党的全国代表大会文件和中央委员会全体会议文件，它是决定国家社会经济发展大政方针的纲领性文件，对中小企业发展有着极高的政策指导作用。如 2012 年中共十八大报告“坚定不移沿着中国特色社会主义道路前进，为全面建设小康社会而奋斗”明确提出要“毫不动摇鼓励、支持、引导非公有制经济发展，保证各种所有制经济依法平等使用生产要素、公平参与市场竞争、同等受到法律保护”，“提高大中型企业核心竞争力，支持小微企业特别是科技型小微企业”。这些规定，再次在党的主要文件中确立了对非公有制经济的保护政策和对中小企业的促进政策，其中对民营中小企业创造公平竞争市场环境的规定，非常切中中小企业面临的发展困境，有助于中小企业增强发展信心，及时调整发展战略。又如十八届三中全会审议通过的《中共中央关于全面深化改革若干重大问题的决定》再次明确要求“毫不动摇鼓励、支持、引导非公有制经济发展，激发非公有制经济活力和创造力”，要完善产权保护制度，非公有制经济财产权同样不可侵犯；要积极发展国有资本、集体资本、非公有制资本等交叉持股、相互融合的混合所有制经济。十八届四中全会审议通过的《中共中央关于全面推进依法治国若干重大问题的决定》也强调要“健全以公平为核心原则的产权保护制度，加强对各种所有制经济组织和自然人财产权的保护，清理有违公平的法律法规条款”，“国家保护企业以法人财产权依法自主经营、自负盈亏，企业有权拒绝任何组织和个人无法律依据的要求”，这些纲领性文件都是中小企业把握改革发展大局的宏观政策指引和发展战略纲要，需要中小企业家和企业战略发展部门认真学习领会，以便更好地把企业发展战略融入国家发展战略。

国务院是我国最高国家权力机关的执行机关，是最高国家行政机关。国务院根据《宪法》第89条之规定，依法行使十八项职权，包括规定各部和各委员会的任务和职责，统一领导各部和各委员会的工作，并且领导不属于各部和各委员会的全国性的行政工作；统一领导全国地方各级国家行政机关的工作，规定中央和省、自治区、直辖市的国家行政机关的职权的具体划分；编制和执行国民经济和社会发展计划和国家预算；领导和管理经济工作和城乡建设，等等。据此，国务院每年都制定或修订多项普适性的同样适用于中小企业的政策，如每年向全国人民代表大会报告并获得审议通过的《政府工作报告》，以及国民经济和社会发展规划、计划，等等。2015年3月5日第十二届全国人民代表大会第三次会议审议通过的《政府工作报告》就在回顾2014年工作成绩的基础上，对2015年工作做了整体部署，提出多管齐下改革投融资体制，包括：大幅缩减政府核准投资项目范围，下放核准权限；大幅减少投资项目前置审批，实行项目核准网上并联办理；大幅放宽民间投资市场准入，鼓励社会资本发起设立股权投资基金；政府采取投资补助、资本金注入、设立基金等办法，引导社会资本投入重点项目等，这对中小企业投融资行为具有提纲挈领的指引作用。又如国民经济和社会发展规划，特别是五年规划具有很强的指导作用，需要中小企业认真研究领会，并用之于企业经营。目前执行的《国民经济和社会发展第十二个五年规划纲要》提出，要实现经济平衡较快发展，经济结构调整取得重大进展，加快发展现代农牧业，改造提升制造业，培育发展战略性新兴产业，推动能源生产和利用方式变革，全面提高信息化水平，推进海洋经济发展，加快发展生产性服务业，大力发展生活性服务业，大力发展循环经济，中小企业可以据此调整战略发展方向，优化产品布局，提升市场竞争力。

二、专项政策

专项政策又称专门性政策，概言之，包括适用于部分地区、行业或者适用于中小企业、小微企业的各类专门性经济政策，特别是投融资政策。如前所述，中小企业分布广，数量大，其持续稳定发展攸关社会经济稳定，所以国务院、国务院各部门、各级地方人民政府及其所属部门都会根据地区、行业和中小企业发展情况，制定一系列专门政策以促进中小企业持续稳定发展。

1. 适用于部分地区的专项政策。

目前最具代表性的当属新一届政府力推行的中国自贸区改革政策。中国自由贸易区与WTO体系下的自由贸易区不是一个概念，特指在中国境内关外设立的，以税收优惠和海关特殊监管政策为主要手段，以简政放权和负面清单管理为主要方式，全方位促进贸易自由化、便利化，实现经济转型升级的多功能经济特区。

2013年7月，国务院常务会议原则通过了《中国（上海）自由贸易试验区总体方案》，决定在上海外高桥保税区等4个海关特殊监管区域内，建设中国（上海）自由贸易试验区。上海自贸区先行先试人民币资本项目下开放，并逐步实现可自由兑换等金融创新，有望成为中国加入TPP的首个对外开放窗口，是具有国际水准的投资贸易便利、监管高效便捷、法制环境规范的自由贸易试验区，也是推进改革和提高开放型经济水平的“试验田”。在此基础上，2014年12月，全国人大常务委员会授权国务院在中国（广东）自由贸易试验区、中国（天津）自由贸易试验区、中国（福建）自由贸易试验区以及中国（上海）自由贸易试验区扩展区域暂时调整有关法律规定，并启动了广东、天津和福建自贸区建设。自贸区试点建设以来，区内中小企业注册数量剧增，其重要原因是投资者看到了政策松绑背后巨大的市场效益。国家建设自贸区的目的是探索、积累促进经济转型升级的发展经验，并已开始将上海自留区的部分成功经验逐步推向全国，中小企业应高度重视国家的自贸区政策，特别是要研究和本企业、本行业密切相关的创新政策，及早了解自贸区试行政策全面复制、推广对本行业、本企业带来的冲击和机遇，未雨绸缪地做好准备，迎接挑战，把握机遇。

2. 适用于部分行业的专项政策，特别是为推进某一行业加快发展而专门制定的扶持政策。

这类专项政策主要集中在第三产业的相关行业和高新技术行业。如2008年国家工商行总局和国家发展改革委联合发布《关于促进广告业发展的指导意见》（工商广字〔2008〕85号），明确提出加大对广告业的政策扶持力度，制定和落实相关支持和鼓励发展广告策划、创意、制作及服务的政策措施。对按税法有关规定被认定为高新技术企业的广告服务企业，实行企业所得税优惠政策；广告业的用电价格逐步实现与一般工业用电价格基本同价；清理和取消不合理、不合法的收费项目，等等。又如2009年12月，国务院印发《关于加快发展旅游业的意见》（国发〔2009〕41号），提出加强规划和法制建设，加强旅游市场监管和诚信建设，加强旅游从业人员素质建设，加强旅游安全保障体系建设，加大政府投入，加大金融支持，完善配套政策和措施等综合保障手段。在此基础上，2014年8月又发布了《关于促进旅游业改革发展的若干意见》（国发〔2014〕31号），其中提出完善旅游发展政策的基本措施，包括切实落实职工带薪休假制度、加强旅游基础设施建设、加大财政金融扶持、优化土地利用政策、加强人才队伍建设等；明确提出将符合条件的旅游企业和项目纳入国家支持服务业、中小企业、新农村建设、扶贫开发、节能减排等专项资金支持范围，通过企业债、公司债、中小企业私募债、短期融资券、中期票据、中小企业集合票据等债务融资工具，加强债券市场对旅游企业的支持力度，等等。需要注意的是，专项政策数量多，颁布或修改频率快，需要中小企业特别关注，尤其要重点关注本行业的产业政策，以便借助政策东风实现事半功倍的企业发展目标。

3. 针对中小企业或小微企业的专项扶持政策，包括国家政策和地方性扶持政策。

如2009年国务院发布了《关于进一步促进中小企业发展的若干意见》（国发〔2009〕36号），提出进一步营造有利于中小企业发展的良好环境，切实缓解中小企业融资困难，加大对中小企业的财税扶持力度，加快中小企业技术进步和结构调整，支持中小企业开拓市场，努力改进对中小企业的服务，提高中小企业经营管理水平，加强对中小企业工作的领导等八个大类、共29个大项的发展促进措施。在融资政策方面，明确提出了5个大项30多个细项的具体措施，如：鼓励建立小企业贷款风险补偿基金，对金融机构发放小企业贷款按增量给予适度补助，对小企业不良贷款损失给予适度风险补偿；国有商业银行和股份制银行都要建立小企业金融服务专营机构，完善中小企业授信业务制度，逐步提高中小企业中长期贷款的规模和比重；加快创业板市场建设，完善中小企业上市育成机制，扩大中小企业上市规模，增加直接融资，等等。

又如2014年10月，国务院印发《关于扶持小型微型企业健康发展的意见》（国发〔2014〕52号），要求充分发挥现有中小企业专项资金的引导作用，鼓励地方中小企业扶持资金将小型微型企业纳入支持范围；加大中小企业专项资金对小企业创业基地（微型企业孵化园、科技孵化器、商贸企业集聚区等）建设的支持力度，鼓励各级政府设立的创业投资引导基金积极支持小型微型企业；进一步完善小型微型企业融资担保政策；鼓励大型银行充分利用机构和网点优势，加大小型微型企业金融服务专营机构建设力度；引导中小型银行将改进小型微型企业金融服务和战略转型相结合，科学调整信贷结构，重点支持小型微型企业和区域经济发展；引导银行业金融机构针对小型微型企业的经营特点和融资需求特征，创新产品和服务；各银行业金融机构在商业可持续和有效控制风险的前提下，单列小型微型企业信贷计划；在加强监管的前提下，大力推进具备条件的民间资本依法发起设立中小型银行等金融机构。中小企业虽然不能根据这些政策直接要求政府部门和金融机构提供相应的融资服务和资金支持，但可以据此了解政府的政策扶持方向和支持措施加强程度，以便有针对性地做好前期准备工作，待政策落实时可以实现资金及早到位、业务尽快发展。

三、普适性法律法规

市场经济本质上是法制经济，中小企业作为数量最多、种类最全的经营主体，首先要遵守《公司法》、《合同法》、《侵权责任法》、《食品安全法》、《消费者权益保护法》、《广告法》、《商标法》、《专利法》等各类市场主体都必须遵守的普适性法律。如就《公司法》而言，中小企业如果选择股份有限公司或有限责任公司的组织形式，就需要满足公司法规定的基本条件，并根据该法规定构建公司治理结构。以有限责任公司为例，应当由50个以下股东出资设立，公司章程要符合公司的基本规范，明确股东会是公司的权力机构，依法决定公司的经营方针和投资计划，选举和更换非由职工代表担任的董事、监事，决定有关董事、监事的报酬事项，审议批准董事会的报告，审议批准监事会或者监事的报告，审议批准公司的年度财务预算方案、决算方案，审议批准公司的利润分配方案和亏损弥补方案，对公司增加或者减少注册资本做出决议，对发行公司债券做出决议，对公司合并、分立、解散、清算或者变更公司形式做出决议，修改公司章程。有限责任公司设董事会，其成员为3~13人；有限责任公司可以设经理，由董事会决定聘任或者解聘。有限责任公司设监事会，其成员不得少于3人。股东人数较少或者规模较小的有限责任公司，可以设1~2名监事，不设监事会。

法律规定通常会比较原则、比较抽象，行政机关在执行法律时，需要根据宪法和法律对法律内容进一步具体化，由此形成国务院制定的行政法规和国务院部门、省级政府制定的行政规章。与上述普适性法律相对应的行政法规也具有一定的普适性，也是中小企业进行经济活动必须遵守的重要法律规范之一。如国务院令第156号发布、2014年2月修订的《公司登记管理条例》对股份有限公司和有限责任公司设立、变更、终止登记做出具体规范，中小企业设立公司自然也要执行该行政法规。仍以有限责任公司设立登记为例，首先要根据登记管辖规定进行申请，如由省、自治区、直辖市人民政府国有资产监督管理机构履行出资人职责的公司以及该公司投资设立并持有50%以上股份的公司需要到省、自治区、直辖市工商行政管理局进行登记。

四、专门性法律法规

基于中小企业的重要性，许多国家都制定有专门针对中小企业促进发展和规范经营的法律法规，我国这方面的法律法规以《中小企业促进法》为中心，配套制定了若干行政法规、行政规章和其他规范性文件。

2002年6月，为改善中小企业经营环境，促进中小企业健康发展，扩大城乡就业，发挥中小企业在国民经济和社会就业中的重要作用，第九届全国人大常委会第28次会议审议通过了《中小企业促进法》。该法对国家促进中小企业发展的基本原则，中小企业的资金支持、创业扶持、技术创新、市场开拓和社会服务都做了规定。在资金支持方面，要求中央财政预算设立中小企业科目，安排扶持中小企业发展专项资金，用于促进中小企业服务体系建设，开展支持中小企业的工作；设立由中央财政预算安排的扶持中小企业发展的专项资金、基金收益、捐赠和其他资金组成的中小企业发展基金，用于扶持中小企业创业辅导和服务，支持建立中小企业信用担保体系和技术创新等；改善中小企业融资环境，改进对中小企业的金融服务，放宽中小企业直接融资渠道，鼓励各类依法设立的风险投资机构增加对中小的投资等。

目前，中央部门和地方政府落实《中小企业促进法》等相关法律，制定或修订的促进中小企业发展的行政法规、行政规章和其他规章性文件数以百计，对中小企业融资有着直接而具体的指导作用。如2015年1月，财政部、国家税务总局发布《关于金融企业涉农贷款和中小企业贷款损失准备金税前扣除有关问题的通知》（财税〔2015〕3号），规定了金融企业涉农贷款和中小企业贷款损失准备金的企业所得税税前扣除政策。2015年4月，国家税务总局发布《关于金融企业涉农贷款和中小企业贷款损失税前扣除问题的公告》（2015年第25号），进一步对金融企业涉农贷款和中小企业贷款损失所得税前扣除问题做出了更加明确的规定。这些法律法规直接鼓励金融企业加大对涉农贷款和中小企业贷款力度，及时处置涉农贷款和中小企业贷款损失，增强金融企业抵御风险能力，也间接提高了中小企业贷款的可得性。

又如2015年1月，科技部发布《关于进一步推动科技型中小企业创新发展的若干意见》（国科发高〔2015〕3号），对促进科技型中小企业健康发展提出了若干意见。在中小企业投融资方面，意见明确提出要引导金融机构面向科技型中小企业开展服务创新，拓宽融资渠道；完善多层次资本市场，支持科技型中小企业做大做强；完善科技型中小企业融资担保和科技保险体系，等等。

投融资是企业经营的重大问题。投融资离不开市场，离不开政策法规。对中小企业而言，要及时全面地了解政策法规，特别是要全面了解可以适用于中小企业的各项政策法规，及时调整经营方向和发展战略，用足用好投融资等各项促进政策，发挥船小好调头的优势，加快发展，甚至通过弯道超车实现超速发展，短时间内迅速做大做强。

第二章 政策性银行贷款

政策性银行是不以利润最大化为主要目的的经营性银行机构。我国的政策性银行目前有三家，即国家开发银行、中国进出口银行、中国农业发展银行，均为国有独资经营机构，直属国务院。

第一节 政策性银行贷款概述

政策性银行是按照国家产业政策或政府的相关决策进行投融资活动的金融机构，不以利润最大化为经营目标。我国政策性银行均是根据相关条例或决定而特别设立的，服务于国家的特定经济目标。如国家根据基础设施投资发展需要设立的国家开发银行，其设立的主要目的有二：一是为国家基础设施等重点建设项目融通资金，保证关系国民经济全局和社会发展的重点建设项目顺利进行；二是把当时分散管理的国家投资基金集中起来，建立投资贷款审查制度，赋予开发银行一定的投资贷款决策权，并要求其承担相应的责任与风险，以防止盲目投资、重复建设。

改革开放过程中，随着我国对外经济贸易的扩大，运用补贴以施加特殊保护、促进出口的办法已经过时。为了按国际惯例运用出口信贷、担保等通行做法，扩大机电产品，特别是大型成套设备和高新技术、高附加值产品的出口，合理促进对外贸易的发展，创造公平、透明、稳定的对外贸易环境，国家特设成立了中国进出口银行。

农业是国民经济的基础。我国农业基础薄弱，比较效益低，地区差异大。农业的发展，尤其是落后地区农业的发展，粮、棉、油等主要农产品的生产、收购、储备和销售，在相当程度上需要国家的支持。为了集中财力解决农业和农村经济发展的合理的政策性资金需要，促进主要农产品收购资金的封闭运行，国务院决定成立中国农业发展银行。

政策性银行与商业银行和其他非银行金融机构相比，有共性的一面，如要对贷款进行严格审查，贷款要还本付息、周转使用等。但作为政策性金融机构，也有其区别于其他金融机构的特征：一是政策性银行的资本金多由政府财政拨付；二是政策性银行经营时主要考虑国家的整体利益和社会效益，不以盈利为主要目标，但政策性银行的资金并不是财政资金，政策性银行也必须考虑盈亏，坚持银行管理的基本原则，力争保本微利；三是政策性银行有其特定的资金来源，主要依靠发行金融债券或向中央银行举债，一般不面向公众吸收存款；四是政策性银行有特定的业务领域，不与商业银行竞争。

一般来说，政策性银行贷款利率较低、期限较长，有特定的服务对象，其放贷支持的主要是商业性银行在初始阶段不愿意进入或涉及不到的领域。例如，国家开发银行服务于国民经济发展的能源、交通等“瓶颈”行业和国家需要优先扶持的领域，包括西部大开发、振兴东北老工业基地等基础设施建设项目，这些领域的贷款量占到其总量的91%。中国进出口银行则致力于扩大机电产品和高新技术产品出口以及支持对外承包工程和境外投资项目。中国农业发展银行主要承担国家政策性农村金融业务，代理财政性支农资金拨付，专司粮棉油收购、调销、储备贷款业务等。

第二节　国家开发银行贷款

国家开发银行于1994年3月成立，直属国务院领导，主要通过开展中长期信贷与投资等金融业务，为国民经济重大中长期发展战略服务，致力于以融资推动市场建设和规划先行，支持国家基础设施、基础产业、支柱产业以及战略性新兴产业等领域发展和国家重点项目建设；促进区域协调发展，支持城镇化、中小企业、“三农”、教育、中低收入家庭住房、医疗卫生以及环境保护等瓶颈领域的发展；支持国家“走出去”战略，积极拓展国际合作业务。在全面建设小康社会的新时期，国家开发银行的任务是：立足社会主义初级阶段经济社会发展的瓶颈制约和市场缺损的国情特点，按照科学发展观的要求和宏观调控政策目标，运用开发性金融的建设市场方法，建立长期稳定的资金来源，筹集和引导社会资金，重点支持“两基一支”和高新技术产业及其配套工程建设，以及政府急需发展的其他领域，完善风险约束机制，推进市场建设，促进城乡、区域、经济社会、人与自然、国内和对外开放的协调发展，实现政府持续稳定发展和安全的目标。因此，电力、公路、铁路、石油石化、煤炭、邮电通讯、农林水利、公共基础设施等行业企业涉及的国家重点建设项目，可考虑向国家开发银行申请贷款以获得资金支持。

一、信贷业务

目前国家开发银行在全国设有32家分行和4家代表处，主要经营以下可以涵盖中小企业的信贷业务：

1. 并购贷款。

并购贷款是指向并购方或其子公司发放的，用于支付并购交易价款的贷款。国家开发银行具有开办并购贷款业务的资质，在并购领域具有多年的积累，包括人员、经验、制度等，支持过一大批国内外并购项目的实施。国家开发银行改革后，同时具有证券、投资、咨询等业务资质，能够在开展并购贷款业务的同时，提供顾问、发债、结算和后续融资等配套金融服务。

2. 农业综合开发贷款。

农业综合开发贷款主要用于解决借款人在农田水利基本建设和改造、农业生产基地开发与建设、农业生态环境建设和农业技术服务体系建设等方面的资金需求。

3. 农村流通体系建设贷款。

农村流通体系建设贷款主要用于解决借款人在强化农村地区流通基础设施建设、发展现代流通方式和新型流通业等方面的资金需求，包括流动资金需求和固定资产投资需求。

4. 科技贷款。

国家开发银行科技贷款是指开发银行为支持自主创新和高科技发展，向高科技企业、科研院所、学校以及创业投资公司等投资机构发放的贷款。具体包括重大科技项目贷款、产学研贷款、科技园区贷款、科技中小企业贷款、高科技创业投资贷款和创业投资（引导）基金贷款。

5. 高科技贷款。

高科技贷款主要用于支持海外留学人员、国内高科技人员开发创新项目，解决高新技术企业创办初期融资难等问题。

6. 林木资产（林权证）抵押贷款。

林木资产（林权证）抵押贷款是林权所有者以用材林、林木所有权作为抵押物，持有效林权证申请办理的贷款。

7. 中小企业金融服务方案。

中小企业金融服务方案主要是针对中小企业在生产、供应、销售等环节资金难题向中小企业提供的金融服务解决方案。

二、中间业务

1. 债券承销（企业债券、中期票据、短期融资券）业务。

国家开发银行是国内最早开办债券承销业务的银行，是国内唯一兼具企业债券、中期票据和短期融资券三种直接债务融资工具承销资格的政策性银行，具有丰富的债券承销经验，是银行间市场交易商协会中期票据定价联席会议重要成员。

企业债券是我国境内注册登记的具有法人资格的企业在境内依照法定程序发

行、约定在一定期限内还本付息的有价证券。企业债由国家发展改革委核准，募集资金一般用于项目，增信方式多样，期限一般在3~15年之间，核准需要半年左右时间。

中期票据是企业依照规定的条件和程序在银行间债券市场发行和交易并约定在一定期限内还本付息的有价证券。中期票据募集资金用途灵活，企业在主管机构注册一定发行额度后，可以按需分期发行，发行期限以3年、5年为主。在增信方式上，可以采用信用方式发行，亦可以通过担保或资产抵质押增信。

短期融资券与中期票据相似，但是期限在1年以内。募集资金主要用于营运资金。短期融资券和中期票据都由央行下属的中国银行间市场交易商协会采用会员自律的方式进行监管，注册需要2~3个月的时间。

2. 国内保理。

国内保理业务是指国家开发银行（作为保理商）与境内客户（作为卖方）之间签署保理协议，约定卖方将现在或将来的基于其与境内买方（债务人）订立的销售货物或提供劳务合同所产生的应收账款转让给开发银行，由开发银行提供综合性金融服务的行为。这些服务应至少包括下列项目中的两项：保理融资，销售分户账管理，应收账款催收，信用风险控制及坏账担保。

3. 间接银团贷款。

间接银团贷款是指开发银行作为牵头行先向借款人发放贷款，再将所形成的债权按照借款合同规定的贷款偿还时间进行拆分，然后将拆分后的债权分别转让给其他金融机构，使开发银行贷款成为由两家或两家以上银行、非银行金融机构共同承贷、共担风险的银团贷款。凡是境内获准经营贷款业务的银行和非银行金融机构及其分支机构，由于经营需要，均可向开发银行申请办理间接银团贷款业务。

三、国际结算及贸易融资业务

1. 进口信用证。

进口信用证是指银行有条件的付款承诺，即开证银行依照开证申请人（进口商）的要求和指示，向受益人（出口商）开立的，有一定金额的，在一定期限内凭规定的单据，在指定的地点支付（付款、承兑或议付汇票）的书面保证。

2. 托收。

国家开发银行开展的托收业务分为跟单托收和光票托收两种。跟单托收是指委托人（出口商）向托收银行提交收取款项的金融票据、商业单据，要求托收行通过其联行或代理行向付款人（进口商）请其付款的一种结算方式。跟单托收服务项目又包含即期汇票附商业单据托收（D/P）、远期汇票附商业单据托收（D/A）、仅凭商业单据托收。光票托收是指只有金融单据而不附带商业单据的托收。

3. 保函。

保函是指国家开发银行应某种合约关系一方（申请人）的要求，向合约关系的另一方（受益人）担保合约项下的某种责任和义务的履行，所做出的在一定期限内承担一定金额支付责任或经济赔偿责任的本外币保函业务。国家开发银行保函业务又细分为融资性保函、租赁和补偿贸易保函、付款保函、投标保函、履约保函、预付款保函、维修保函、海事保函、关税付款保函、诉讼保函。

4. 备用信用证。

备用信用证是指国家开发银行（开证行）应申请人要求，向受益人开具的，在规定期限内，在单证相符的条件下，向受益人支付由开证申请人承担任何债务或违约造成损失的书面承诺。备用信用证通常不可撤销，主要包括投标备用信用证、履约备用信用证、预付款备用信用证、直接付款备用信用证等品种。

四、国家开发银行中小企业贷款对用款企业的要求

国家开发银行开展的中小企业贷款业务，对用款中小企业通常要求其满足以下基本业务原则和要求。

（一）基本条件

国家开发银行对发放贷款的中小企业通常要求其满足以下基本条件：

（1）申请贷款的用款企业无呆滞、逾期等违约或不良记录；

（2）申请贷款的用款企业近三年无亏损；

（3）用款企业不能涉及国家明令禁止的行业；

（4）用款企业需符合国家环保政策；

（5）用款企业的财务报表须经外部审计。

（二）对主要财务指标的基本要求

国家开发银行对贷款企业的财务指标审查分为必须满足的硬性指标和用作参考的参考指标两类进行。

1. 硬性指标。

硬性指标主要包括资产负债率、偿债覆盖率和限额指标。

（1）资产负债率：用款企业资产负债率不能大于60%；

（2）偿债覆盖率：企业的利润、折旧及正常经营性现金流能够基本覆盖申请贷款的金额；

（3）用款企业的限额：①用款企业的限额原则上不超过企业总资产除以企业流动资金周转次数的70%；②用款企业在其他金融机构的贷款额度与申请该行的贷款额度之和不能大于用款企业的净资产。

2. 参考指标。

参考指标虽然不像硬性指标那样会一票否决贷款企业的贷款申请，但如果不符合条件，同等条件下可能会失去贷款机会。国家开发银行主要考核以下六个参考指标：

（1）近三年收入平均增长率≥3%；

（2）流动比（流动资产/流动负债）≥60%；

（3）销售利润率≥6.7%；

（4）速动比（速动资产/流动负债）≥40%；

（5）存贷周转率（产品销售成本/平均存贷）≥3.1%；

（6）应收账款周转率（销售收入/应收账款平均额）≥3.6%。

（三）禁止领域

国家开发银行中小企业贷款严禁投向以下领域：

（1）股票市场。国家开发银行中小企业信贷资金不得进入股票、基金、外汇、期货市场。

（2）商业性房地产。

（3）楼堂馆所。不得用于国家明令禁止的宾馆饭店、写字楼、办公楼、招待所、俱乐部等经营性及非经营性楼堂馆所。

（4）不符合国家政策导向的服务业。不得投入不符合国家产业政策的桑拿按摩、洗浴中心等服务业项目。

（5）落后文化活动。不得用于封建迷信、伪科学等扰乱社会秩序，影响社会稳定，与社会主义先进文化发展要求相违背的活动。

（6）宗教类设施。禁止投向涉及宗教类设施建设项目。

（7）破坏生态环境、生态文明的项目。严禁投入新建或改扩建违反国家产业政策、行业准入条件和缺乏能源、资源支撑条件及环境容量不允许的高能耗、高污染项目。

（8）生产、经营或投资国家明文禁止的其他领域。优先支持国家发展改革委发布的《产业结构调整指导目录》中的鼓励类项目，严格控制限制类和淘汰类项目。

（四）限制领域

对《国家产业结构调整指导目录》和《外商投资产业指导目录》中列出的限制行业，国家开发银行应谨慎放贷。同时，对国务院提出的产能过剩的行业，包括钢铁、水泥、平板玻璃、煤化工、多晶硅、风电设备等行业，按《关于贯彻落实国务院关于抑制部分行业产能过剩和重复建设工作要求的实施意见》（开发银行发〔2009〕451号）执行。

（五）鼓励支持领域

（1）国家产业规划领域中自主创新、产业结构优化、能源资源节约、生态环境保护等领域的中小企业，优先考虑《国家产业结构调整指导目录》和《外商投资产业指导目录》中列出的支持行业。

（2）有利于促进城乡居民就业、创业的中小企业。

（3）有利于农业发展、农民致富的龙头企业，尤其是农业产业化龙头企业。

（4）科技型中小企业。

（5）结合当地政府发展战略和发展规划，优先考虑当地政府鼓励发展的行业，支持区域产业结构调整和产业升级。

第三节　中国农业发展银行贷款

中国农业发展银行是直属国务院领导的我国唯一的一家农业政策性银行，其主要职责是：按照国家的法律、法规和方针、政策，以国家信用为基础，筹集资金，承担国家规定的农业政策性金融业务，代理财政支农资金的拨付，为农业和农村经济发展服务。其贷款业务主要有：粮食、棉花、油料收购、储备、调销贷款，肉类、食糖、烟叶、羊毛、化肥等专项储备贷款，粮食、棉花、油料加工企业和农、林、牧、副、渔业的产业化龙头企业贷款，粮食、棉花、油料种子贷款，粮食仓储设施及棉花企业技术设备改造贷款，农业小企业贷款和农业科技贷款，农业基础设施建设贷款，农业综合开发贷款和农业生产资料贷款等。

一、粮食、油料收购贷款业务

中国农业发展银行提供的粮食收购贷款，是指向企业发放的用于自主收购粮食所需资金的贷款。粮食收购贷款仅包括稻谷、小麦、玉米、大豆四个粮食品种的收购贷款。油料收购贷款，是指向企业发放的用于在国内油料收购市场自主收购油菜籽、花生、芝麻、胡麻、油葵、油茶、油橄榄和棉籽所需资金的贷款。粮食收购贷款和油料收购贷款都是准政策性业务。

1. 贷款对象。

凡在中国农业发展银行开户的具备粮食收购资格的企业，均属粮食收购贷款对象。包括：粮食购销企业，农业产业化龙头企业，粮食加工和转化企业，以及依照国家有关规定取得粮食收购资格的其他企业。

凡在中国农业发展银行开户的从事油料收购加工的企业，均属油料收购贷款对象。包括：从事油料收购的油料购销企业，农业产业化龙头企业，粮油加工和转化企业，以及从事油料经营的其他企业。

2. 贷款用途。

（1）粮食收购贷款用于解决借款人从粮食收购市场收购稻谷、小麦、玉米、大豆等粮食品种的合理资金需要；

（2）油料收购贷款用于解决借款人从油料收购市场收购油菜籽、花生、芝麻、胡麻、油葵、油茶、油橄榄和棉籽等油料品种的合理资金需要。

3. 贷款条件。

（1）具备粮食和油料收购贷款资格。

（2）具有与申请贷款相适应的风险承受能力和贷款偿还能力。包括：在粮食经营和油料经营过程中能够做到“购得进、销得出、不亏损”；或者能够提供相应的贷款担保（抵押、质押、保证）条件；或者具有一定比例的自有资金或风险准备金等。

（3）已借贷款的本息按期偿付，无违约行为发生。或未能按期偿付的，已落实切实可行的偿还计划。

4. 贷款期限。

粮食收购贷款和油料收购贷款期限，根据借款人生产或经营周期由借贷双方协商确定，最长期限不超过1年。

5. 贷款利率。

粮食收购贷款和油料收购贷款利率按照中国农业发展银行有关准政策性贷款利率规定执行。

6. 贷款方式。

对资信状况较好、能确保足额归还贷款本息的借款人，或者具有规定比例的自有资金或风险准备金的借款人，可以采用信用贷款方式。对风险较大的借款人，一般采用担保贷款方式，或在办理企业有效资产抵押、担保或企业法定代表人的个人财产抵、质押后，部分采用信用贷款方式。

二、粮食、油脂加工企业贷款业务

中国农业发展银行提供的粮食、油脂加工企业商业性流动资金贷款，是指依据国家政策规定，为以粮食、油脂为主要原材料，通过加工转化方式，实现转化增值的粮食、油脂加工企业自主购进所需资金，以及生产经营过程中所需其他流动资金所提供的贷款。

1. 贷款对象。

凡以粮食为主要原材料的加工企业，包括粮食系统的加工企业和其他所有制形式的用粮企业，均为粮食加工企业贷款对象；凡以油料为主要原材料的加工企业，均为油脂加工企业贷款对象。

2. 贷款种类。

粮食、油脂加工企业贷款可分为短期商业性流动资金贷款、中期商业性流动资金贷款和商业性流动资金循环贷款三种。

3. 贷款用途。

（1）用于解决借款人直接从市场收购粮食、油料的流动资金需要；

（2）用于解决借款人从粮食、油料经营企业购入（含进口）粮食、油料的流动资金需要；

（3）用于解决借款人与加工转化粮食、油料相关的其他原材料、费用支出等所必需的其他流动资金需要。

4. 贷款条件。

粮食加工企业申请商业性流动资金贷款，除具备中国农业发展银行信贷基本制度规定的条件外，还应满足以下几项条件：①借款用途符合国家法律、法规、政策要求及中国农业发展银行信贷政策，并能够按约定用途使用贷款；②具备从事借款相关行业的资质和能力，按规定须经有关政府部门或管理机构认证或许可的，应能提供认证或许可的证明材料；③按照中国农业发展银行规定应进行信用评级的借款人，经中国农业发展银行评定信用等级为 A 级（含）以上；④财务和信用状况良好，借款人及其主要股东、实际控制人、现任高层管理人员遵纪守法，近三年内无不良信用记录；⑤自觉接受并积极配合中国农业发展银行信贷调查及贷后管理，按要求提供真实有效的经营财务资料，能够积极配合落实中国农业发展银行的信贷风险防控措施；⑥外币流动资金贷款的借款人，需拥有自营进出口权，借款须有特定的外汇用途，如进口付汇等。

申请中期商业性流动资金贷款的借款人，除具备上述商业性流动资金贷款条件之外，还应具备以下条件：①具有健全的组织机构和财务管理制度，原则上应提供经有资质的审计机构审计的财务报告；②本笔贷款发放后资产负债率不高于70%；③主营业务突出，因其生产经营周期较长，确有必要发放中期商业性流动资金贷款；④经营效益较好，最近三年连续盈利且经营活动产生的现金净流量为正；⑤能够提供符合中国农业发展银行要求的担保；⑥与中国农业发展银行建立信贷关系一年以上。

申请循环贷款的借款人，除具备上述商业性流动资金贷款条件之外，还应具备以下条件：①上一年度销售款回笼至中国农业发展银行的金额与其年主营业务销售收入的比例高于50%，或上一年度在中国农业发展银行的月均贷款余额与其月均销售款回笼至中国农业发展银行数额的比例低于50%；②具有健全的组织机构和财务管理制度，原则上应提供经有资质的审计机构审计的财务报告；③信用等级为AA级（含）以上，本笔贷款发放后资产负债率不高于60%；④经营状况稳定，最近三年连续盈利且经营活动产生的现金净流量为正；⑤能够提供符合中国农业发展银行要求的抵、质押担保或信用等级在AA级（含）以上的企业法人为其提供的保证担保；⑥与中国农业发展银行建立信贷关系一年以上。

5. 贷款期限。

贷款期限由借贷双方根据借款用途、借款人风险承受能力和经营发展特点，以及中国农业发展银行信贷政策确定。

6. 贷款利率。

粮食、加工企业贷款原则上执行中国人民银行规定的金融机构同期、同档次利率。符合条件的贷款的利率可以在总行利率管理政策范围内上下浮动。

7. 贷款方式。

粮食加工企业贷款和油脂加工企业贷款一般采用担保贷款。对信用等级AA级（含）以上，或者信用状况良好、贷款风险较低，或者落实了相应的贷款风险防范措施的借款人，可以采取信用贷款方式。

三、粮油流转贷款业务

中国农业发展银行提供的粮油流转贷款，是指向从事粮油流通的企业发放的除粮油政策性和准政策性贷款之外的，用于解决企业粮油经营资金需要的短期贷款。

1. 贷款对象。

粮油购销企业；依照国家有关规定取得粮油经营资格的商业、贸易、物流

（包括储运、粮食批发市场及粮食批发交易）企业；具有地市级以上（含地市级）农业行政管理部门核发的《种子经营许可证》，从事粮食种子经营的企业；其他从事粮油流通的企业。

2. 贷款用途。

（1）借款人调入粮油（含原粮、成品粮以及粮食副产品）的调销资金需要；

（2）借款人从粮油收购市场收购除准政策性粮食品种（稻谷、小麦、玉米、大豆）之外的粮油品种收购资金需要；

（3）借款人经营粮油种子的合理资金需要。

3. 贷款条件。

（1）生产经营活动正常，财务状况良好，产品有市场，生产经营有效益。

（2）经营管理制度健全，建立合规的财务、统计制度。

（3）经中国农业发展银行评定，借款人信用等级原则上为A级（含）以上。中国农业发展银行省级分行可根据实际情况确定具体标准。

（4）历史信用记录良好，已借贷款的本息按期偿付，无违约行为发生。

4. 贷款期限。

粮油流转贷款期限，原则上根据借款人生产经营周期、还款能力，由借贷双方协商确定，最长不超过一年。

5. 贷款利率。

粮油流转贷款利率按照中国农业发展银行有关商业性贷款利率规定执行。

6. 贷款方式。

对资信状况较好、信用等级在AA级（含）以上，或满足总行特别规定条件的借款人，可以发放信用贷款。

四、粮食合同收购贷款业务

中国农业发展银行提供的粮食合同收购贷款，是向粮食企业发放的、专门用于粮食企业为履行收购合同预付给种粮农户部分生产性资金所需的贷款。

1. 贷款对象。

凡从事粮食合同或订单收购业务的粮食购销企业（含储备）、粮食加工企业、粮食产业化龙头企业、种子经营企业以及其他粮食企业，均可作为中国农业发展银行粮食合同收购贷款的对象。

2. 贷款用途。

粮食合同收购贷款用于借款人为获得比较稳定的粮源，依据收购合同或收购订单预付一定资金给种粮农户进行生产的合理资金需要。

3. 贷款条件。

（1）企业信用等级达到规定的标准，具体标准由中国农业发展银行省级分行确定；

（2）经营效益好，且有一定比例的自有收购资金；

（3）与种粮农户签订具有合法有效的收购合同（订单），明确双方的权利和义务及违约责任；合同收购的粮食定价合理；

（4）诚实守信，能按期归还银行贷款本息，过去两年内或新建企业成立以来无挤占挪用中国农业发展银行贷款行为。

对具备上述条件，并具备下列条件之一的，可在同等条件下优先给予借款人贷款支持：①预付给种粮农户的资金中，借款人自有资金比例超过30%；②借款人预收了一定比例的粮食销售合同定金；③粮食生产大户参加了自然灾害保险。

3. 贷款期限。

贷款期限一般在6个月以内（含6个月），最长不得超过一年。粮食合同收购贷款到期后，原则上不再办理展期。

4. 贷款利率。

粮食合同收购贷款利率按照中国农业发展银行有关商业性贷款利率规定执行。

5. 贷款方式。

对资信状况较好、信用等级在AA级（含）以上，或满足总行特别规定条件的借款人，可以发放信用贷款。

五、棉花流转贷款业务

中国农业发展银行提供的棉花流转贷款，是指向从事棉花流通的企业发放的除棉花准政策性贷款外的，用于解决企业棉花经营资金需要的短期贷款。

1. 贷款对象。

经工商行政管理部门核准的具有从事棉花经营资质的企业，主要包括棉花购销企业和棉花深加工企业（含农业产业化龙头企业）。

2. 贷款用途。

用于解决借款人从非中国农业发展银行开户企业调入棉花（含皮棉、棉副产品、棉纱）直接供应给用棉企业或进行深加工的合理资金需要。

3. 贷款条件。

(1) 具有真实有效、与申请贷款相对应的棉花购销合同，在棉花经营过程中能够做到“购得进、销得出、有效益”；购入棉花用于物流贸易的，还应具有购入棉花的销售计划和销售合同；

(2) 财务和信用状况良好，借款人及其现任高层管理人员遵纪守法，近三年内无不良信用记录；

(3) 信用等级为A级（含）以上（符合中国农业发展银行低风险担保贷款条件的可不受此款限制）；

(4) 原则上在中国农业发展银行开立基本存款账户，确因特殊原因，也可开立一般存款账户或专用存款账户；

(5) 有一定比例的自有资金或风险准备金，具体比例由省级分行确定。

4. 贷款期限。

根据借款人生产经营周期和棉花购销合同规定的期限由借贷双方协商确定。最长期限不超过半年。

棉花流转贷款一般应在期限内实行购贷销还，封闭运行，对信用等级在AA级（含）以上、与上下游企业建立长期稳定的购销合作关系的借款人，贷款可以在规定的期限内周转使用。

5. 贷款利率。

商业性流动资金贷款利率执行中国人民银行利率政策和中国农业发展银行相关利率管理规定，可在授权范围内，以同期次基准利率为基础进行适当浮动。

6. 贷款方式。

商业性流动资金贷款一般应采用担保贷款方式。信用等级在AA级（含）以上或满足总行特别规定条件的借款人，可发放信用贷款。

六、棉花收购贷款业务

棉花收购贷款属于准政策性贷款业务，指为履行农业政策性银行职能，支持棉花收购，促进产销衔接，维护棉花市场稳定，由农发行自主发放、风险自担的贷款。

1. 贷款对象。

经工商行政管理部门或主管部门核准登记，具备棉花加工经营资质，实行独立核算的企事业法人及其他经济组织。

2. 贷款用途。

用于解决借款人从省（直辖市、自治区）内收购加工（指籽棉加工成皮棉和棉籽）棉花或进行深加工（指皮棉加工成棉纱和棉籽加工成棉油等），并在本地储存的合理资金需求，包括收购价款和用于收购的必要费用。能够落实符合总行规定的第三方监管的，可不受储存地限制。

3. 贷款条件。

借款人除具备中国农业发展银行信贷基本制度规定的基本条件外，还应具备以下条件：

（1）借款人应具有棉花加工经营资格和储存条件，信用等级在A－级（含）以上；

（2）加工（含转化）类客户须具有维持正常经营所需的营运资金，并对棉花收购贷款形成的商品专仓（垛）储存。

4. 贷款期限。

由借贷双方协商确定，最长不超过一年。加工（含转化）类客户应根据客户的生产经营周期确定贷款期限，最长不超过9个月。

5. 贷款利率。

按照人民银行及农业发展银行相关利率管理规定执行。

6. 贷款方式。

有条件的应采取担保贷款方式；不具备条件的，在借款人有效资产应抵尽抵的前提下，不足部分可采取信用贷款方式。如认为借款人风险较大的，也可采取其他风险防范措施。

七、棉花预购贷款业务

棉花预购贷款属于商业性贷款业务，指对符合贷款条件的企业为履行棉花收购订单而预付给棉花生产者生产性资金发放的贷款。

1. 贷款对象。

经工商行政管理部门核准的具有从事棉花经营资质的企业。

2. 贷款用途。

贷款主要用于解决借款人与棉花生产者签订棉花收购合同而预付给棉花生产者进行生产的合理资金需求。

4. 贷款条件。

借款人除具备中国农业发展银行信贷基本制度规定的基本条件外，还应具备以下条件：

（1）信用等级应在A－级（含）以上；

（2）具有健全的财务管理制度，按要求提供真实有效的财务资料，自觉接受并积极配合农业发展银行信贷调查及贷后管理；

（3）与棉花生产者签订合法有效的棉花收购合同，明确双方权利、义务及违约责任；

（4）借款人原则上要为贷款支持的棉花生产办理保险。

5. 贷款期限。

贷款期限最长为一年。

6. 贷款利率。

贷款利率按人民银行及农业发展银行相关利率管理规定执行。

7. 贷款方式。

贷款一般采取担保方式。对借款人资信状况良好，已经落实贷款风险防范措施，信用等级在 AA－级（含）以上的，可采用信用贷款方式。

八、棉花良种贷款业务

棉花良种贷款属于商业性贷款业务，指对符合贷款条件的企业从事棉花良种繁育、经营等业务发放的贷款。

1. 贷款对象。

经政府职能部门批准的具有从事棉花良种生产、经营资质的企业。

2. 贷款种类。

棉花良种贷款业务分为棉花良种繁育贷款和棉花良种经营贷款两种。

3. 贷款用途。

棉花良种繁育贷款，用于解决涉棉企业在棉花良种通过国家级或省级审定后生产繁育过程中的合理资金需要；棉花良种经营贷款，用于解决涉棉企业收购、调销、加工等经营良种的合理资金需要。

4. 贷款条件。

借款人除具备中国农业发展银行信贷基本制度规定的基本条件外，还应具备以下条件：

（1）信用等级应在 A－级（含）以上；

（2）具有健全的财务管理制度，按要求提供真实有效的财务资料，自觉接受并积极配合农业发展银行信贷调查及贷后管理；

（3）应持有种子生产许可证或种子经营许可证；

（4）生产加工经营的棉花良种必须通过国家级或省级审定，具有相关证明材料，并符合国家《优势农产品区域布局规划》，达到可在国家区域或省（区）推广的品质要求。

5. 贷款期限。

最长为1年。棉花良种繁育贷款期限一般为6个月至1年。棉花良种经营贷款期限一般为3个月至1年。

6. 贷款利率。

按人民银行及农业发展银行相关利率管理规定执行。

7. 贷款方式。

贷款一般采取担保方式。对借款人资信状况良好，已经落实贷款风险防范措施，信用等级在AA－级（含）以上的，可采用信用贷款方式。

九、棉花企业技术设备改造贷款业务

棉花企业技术设备改造贷款属于商业性贷款业务，是指中国农业发展银行为推进棉花质量检验体制改革，支持棉花企业技术升级、技术设备改造项目设备投资所发放的贷款。

1. 贷款对象。

贷款对象为经政府职能部门批准的具有从事棉花加工经营资质的企业。目前，该项贷款的对象仅限于在中国农业发展银行开户并列入国家棉花技改设备更新总体规划的棉花加工企业。

2. 贷款用途。

棉花企业技术设备改造贷款用于解决棉花企业加工设备的改造更新、加工技术升级、购置符合国家相关技术标准的棉花加工设备及其辅助设备的合理资金需求。

3. 贷款条件。

借款人除应具备中国农业发展银行信贷基本制度规定的基本条件外，还应具备以下条件：

（1）技术设备改造项目要具有符合国家规定的项目资本金；

（2）有不低于30%的自有资金；

（3）信用等级在A级（含）以上；

（4）能提供合法有效的担保；

（5）原则上要求借款人近两年连续盈利，如果其中一年有亏损，必须在第二年弥补到位或有切实可行的弥补措施；

(6) 近二年或三年内新增中国农业发展银行贷款本息能够按期偿还，并按计划归还陈欠贷款本息；

(7) 年皮棉加工能力在4 000吨以上；

(8) 必须到国家有关部门指定的生产厂家采购机器设备。

4. 贷款期限。

根据借款人生产经营和资金周转的实际情况由借贷双方协商确定，按1～4年掌握，最多可展期1年。

5. 贷款利率。

按照中国人民银行统一规定的利率政策和中国农业发展银行有关规定执行。

6. 贷款方式。

棉花企业技术设备改造贷款采取担保贷款方式。

十、商业储备贷款业务

商业储备贷款属于商业性贷款业务，是指中国农业发展银行对符合贷款条件的企业从事商业储备业务发放的贷款。商业储备包括国家和地方化肥储备、地方糖储备、国家和地方肉储备、国家羊毛储存等。

1. 贷款对象。

商业储备贷款的对象是国家或地方政府有关部门确定的承储企业。

2. 贷款用途。

商业储备贷款用于借款人储备相关物资的合理资金需要。

3. 贷款条件。

除符合《中国农业发展银行基本信贷制度》、《中国农业发展银行准政策性贷款管理办法》（省级（含）以上人民政府下达的商业储备计划）、《中国农业发展银行商业性流动资金贷款管理办法》（省级以下人民政府下达的商业储备计划）相关规定外，还应具备以下条件：

(1) 自主经营、自负盈亏、自我约束、自我发展的企业法人，无不良信用记录，信用等级在A级（含）以上且注册资本不低于500万元；

(2) 原则上在中国农业发展银行开立基本存款账户，确因特殊原因未开立基本存款账户的，须在中国农业发展银行开立一般存款账户；

(3) 提供国家或地方相关部门下达的商业储备计划和利息补贴承诺文件，执行中国农业发展银行信贷管理规定；信用等级AA级（含）以上且净资产收益率在6%以上的借款人，可不要求具有利息补贴承诺文件；

(4) 认真执行国家颁布的会计、统计等政策法规，并按要求及时向中国农业发展银行提供商业储备物资进（出）口、收储、销售和财务、统计报表等相关资料，接受中国农业发展银行的信贷监管；

(5) 近两年净资产收益率不低于2%（存续不足两年的以当年实际经营情况为准）；月平均资产负债率不得高于90%；对政府承诺补贴全额价差亏损和贷款利息且纳入财政当年预算的商业储备，审批时可不受以上条件限制；

(6) 按不低于贷款金额（剔除抵押担保贷款部分）5%比例的自有资金缴存风险准备金，实行专户管理。

4. 贷款期限。

开户行结合借款人储备期、结算期及近年销售规律合理确定贷款期限，贷款期限最长不超过一年。贷款原则上不得展期。

5. 贷款利率。

商业储备贷款利率按中国人民银行有关规定和中国农业发展银行有关规定执行。

6. 贷款方式。

商业储备贷款可根据借款人信用等级和风险承受能力确定采用担保贷款或信用贷款的方式。对业务发展稳定且前景较好的AA-级（含）以上借款人，可发放信用贷款；对承担省级（含）以上化肥、食糖储备且信用等级为A-级的借款人，在有效资产应抵尽抵后也可发放信用贷款。

十一、农业生产资料贷款业务

农业生产资料贷款属于商业性贷款业务，是中国农业发展银行为支持农业和农村经济发展，促进农业生产资料市场稳定，维护农民利益，为符合贷款条件的企事业法人和其他经济组织从事化肥、农药、农膜、农机具、农用燃料等农业生产资料流通和销售而发放的贷款。

1. 贷款对象。

经工商行政管理机关核准登记，具有化肥、农药、农膜、农机具、农用燃料等农业生产资料经营资质，独立核算的企事业法人和其他经济组织。

2. 贷款用途。

贷款主要用于解决借款人在农业生产资料流通和销售中合理的经营资金需求。按贷款性质，农业生产资料贷款属流动资金贷款。

3. 贷款条件。

借款人除符合中国农业发展银行信贷基本制度规定的条件外，还应具备以下条件：

(1) 生产经营活动符合国家相关产业政策和中国农业发展银行信贷政策，具有较好的经济效益和社会效益。

(2) 信用记录良好，具备按期还本付息能力。经中国农业发展银行评定，借款人信用等级在A－级（含）以上。

(3) 原则上在中国农业发展银行开立基本存款账户，确因特殊原因不能开立基本存款账户的，须在中国农业发展银行开立一般存款账户。

(4) 信用贷款按不低于贷款金额5%比例的自有资金专户缴存风险保证金，存单、有价证券质押和抵押担保贷款可不要求缴纳风险保证金，其他质押和保证担保贷款按不低于贷款金额3%比例的自有资金专户缴存风险保证金。

4. 贷款期限。

根据借款人经营周期由借贷双方协商确定贷款期限，其期限一般为一年（含一年），最长不超过两年。

5. 贷款利率。

农业生产资料贷款利率按中国人民银行有关规定和中国农业发展银行商业性贷款利率定价有关规定执行。

6. 贷款方式。

农业生产资料贷款一般实行质押、抵押、保证担保贷款方式。信用等级在AA－级（含）以上的，可采用信用贷款方式。

十二、农业产业化龙头企业贷款业务

中国农业发展银行提供的农业产业化龙头企业贷款，是指依据国家政策规定，对农业产业化龙头企业发放的，用于包括流动资金以及技术改造、仓储等农用设施建设和生产、加工基地建设所需的中长期贷款。

1. 贷款对象。

经地、市级以上（含）人民政府或政府有关部门认可的，农、林、牧、副、渔业范围内的农业产业化龙头企业，均为中国农业发展银行农业产业化龙头企业贷款对象。

2. 贷款种类。

农业产业化龙头企业贷款分为商业性流动资金贷款和商业性项目贷款两类。

3. 贷款用途。

商业性流动资金贷款，主要用于解决借款人从事农、林、牧、副、渔业产品的种植（养殖）、流通或加工所需的流动资金需要；商业性项目贷款，主要用于解决借款人从事农、林、牧、副、渔业产品的种植（养殖）、流通或加工转化过程中进行技术改造、仓储等农用设施建设和生产、加工基地建设所需的资金需要。

4. 贷款条件。

农业产业化龙头企业申请商业性流动资金贷款除具备中国农业发展银行信贷基本制度规定的条件外，还应满足以下条件：①借款用途符合国家法律、法规、政策要求及中国农业发展银行信贷政策，并能够按约定用途使用贷款；②具备从事借款相关行业的资质和能力，按规定须经有关政府部门或管理机构认证或许可的，应能提供认证或许可的证明材料；③按照中国农业发展银行规定应进行信用评级的借款人，经中国农业发展银行评定信用等级为A级（含）以上；④财务和信用状况良好，借款人及其主要股东、实际控制人、现任高层管理人员遵纪守法，近三年内无不良信用记录；⑤自觉接受并积极配合中国农业发展银行信贷调查及贷后管理，按要求提供真实有效的经营财务资料，能够积极配合落实中国农业发展银行的信贷风险防控措施；⑥外币流动资金贷款的借款人需拥有自营进出口权，借款须有特定的外汇用途，如进口付汇等。

申请中期商业性流动资金贷款的借款人，除具备上述商业性流动资金贷款条件之外，还应具备以下条件：①具有健全的组织机构和财务管理制度，原则上应提供经有资质的审计机构审计的财务报告；②本笔贷款发放后资产负债率不高于70%；③属种养业、加工业等企业，主营业务突出，因其生产经营周期较长，确有必要发放中期商业性流动资金贷款；④经营效益较好，最近三年连续盈利且经营活动产生的现金净流量为正；⑤能够提供符合中国农业发展银行要求的担保；⑥与中国农业发展银行建立信贷关系一年以上。

申请循环贷款的借款人，除具备上述商业性流动资金贷款条件之外，还应具备以下条件：①上一年度销售款回笼至中国农业发展银行的金额与其年主营业务销售收入的比例高于50%，或上一年度在中国农业发展银行的月均贷款余额与其月均销售款回笼至中国农业发展银行数额的比例低于50%；②具有健全的组织机构和财务管理制度，原则上应提供经有资质的审计机构审计的财务报告；③信用等级为AA级（含）以上，本笔贷款发放后资产负债率不高于60%；④经营状况稳定，最近三年连续盈利且经营活动产生的现金净流量为正；⑤能够提供符合中国农业发展银行要求的抵、质押担保或信用等级在AA级（含）以上的企业法人为其提供的保证担保；⑥与中国农业发展银行建立信贷关系一年以上。

农业产业化龙头企业申请商业性项目贷款除具备《中国农业发展银行信贷基本制度》规定的条件外，还应满足：①国家或地方有关部门规定需编制可行性研究报告的，其项目可行性研究报告由具备国家或行业主管部门规定资质的机构出具（额度在3 000万元以上的贷款一般应由乙级或相应级别（含）以上的机构出具），并有明确的结论性意见。②对政府投资项目，采用直接投资和资本金注入方式的，其项目建议书和可行性研究报告已经国家有关部门审批同意；对于企业使用政府补助、转贷、贴息投资建设的项目，其资金申请报告已经国家有关部门审批同意；对实行核准制的项目，其项目申请已经国家有关部门批复同意；对实行备案制的项目，已履行备案手续。③项目符合国家宏观调控政策，相关产业、区域政策，以及环境保护、土地使用、资源利用、安全生产、发展规划等政策法规要求和中国农业发展银行信贷政策。④项目各项资金来源明确并有保证，资本金来源及比例符合国家有关规定，但不得低于20%。⑤借款人或项目实施需行政许可的，应持有政府有权部门颁发的行政许可证件或准予行政许可的文件。⑥按照中国农业发展银行规定应进行信用评级的借款人，经中国农业发展银行评定信用等级为A级（含）以上。⑦借款人财务和信用状况良好，产品具有市场竞争优势，有良好的经济效益和社会效益，借款人及其主要股东、实际控制人、现任高层管理人员遵纪守法，近三年内无不良信用记录。⑧自觉接受并积极配合中国农业发展银行调查评估及贷后管理，按要求提供真实有效的经营财务资料，能够积极配合落实中国农业发展银行的信贷风险防控措施。⑨申请外币贷款，需拥有自营进出口权，借款须有特定的外汇用途。

5. 贷款期限。

农业产业化龙头企业商业性流动资金贷款期限，由借贷双方根据借款用途、借款人风险承受能力和经营发展特点，以及中国农业发展银行信贷政策等确定。

商业性项目贷款期限，由借贷双方根据项目情况及中国农业发展银行信贷政策确定，一般为1～5年，最长不超过10年。

6. 贷款利率。

农业产业化龙头企业贷款原则上执行中国人民银行规定的金融机构同期、同档次利率。符合条件的贷款，其利率可以在总行利率管理政策范围内上下浮动。

7. 贷款方式。

农业产业化龙头企业商业性流动资金贷款一般采用担保贷款，对信用等级在AA级（含）以上的借款人，可以采取信用贷款方式，中期商业性流动资金贷款和商业性流动资金循环贷款只能发放担保贷款。商业性项目贷款原则上实行担保贷款方式。

十三、农村流通体系建设贷款业务

农村流通体系建设贷款属于商业性贷款业务，是指中国农业发展银行为配合国家构建开放统一、竞争有序的农村市场体系，推动城乡统一市场的形成和新农村建设，对符合农村流通体系建设贷款条件的企业从事农村流通体系建设业务发放的贷款。

1. 贷款对象。

从事农村流通体系建设的企事业法人、其他经济组织，包括各类批发企业、零售企业、贸易企业、批发市场、再生物资回收企业、物流企业等。

2. 贷款种类。

按照贷款性质，农村流通体系建设贷款可分为流动资金贷款、固定资产贷款；按照贷款期限，可分为短期贷款、中期贷款和长期贷款。

3. 贷款用途。

用于解决借款人在强化农村流通基础设施建设、发展现代流通方式和新型流通业态等方面的资金需求，包括流动资金需求和固定资产投资需求。

4. 贷款条件。

借款人除应具备《中国农业发展银行信贷基本制度》、《中国农业发展银行商业性流动资金贷款管理办法》、《中国农业发展银行固定资产贷款管理办法》规定的基本条件外，还应具备以下条件：

（1）符合国家宏观调控政策、区域发展政策和相关产业发展政策。

（2）申请短期流动资金贷款的，信用等级应在 A－级（含）以上；申请中期流动资金贷款的，信用等级应在 A＋级（含）以上；申请循环流动资金贷款的，信用等级应在 AA－级（含）以上；申请固定资产贷款的，信用等级应在 A 级（含）以上。

（3）拟支持的农村流通体系建设项目应取得有关部门的用地规划、土地使用、建设工程规划、施工许可证等相应行政许可。

（4）拟支持的农村流通体系建设项目的项目资本金比例不低于 20%。

5. 贷款期限。

短期贷款期限在 1 年以内（含 1 年）；中期贷款期限在 1 年以上 5 年以内（含 5 年）；长期贷款期限在 5 年以上。

6. 贷款利率。

农村流通体系建设贷款利率按中国人民银行有关规定和中国农业发展银行的相关规定执行。以基准利率为基础，在规定范围内可上浮或下浮利率。

7. 贷款方式。

农村流通体系建设固定资产贷款原则上实行担保方式。农村流通体系建设流动资金贷款一般采用担保贷款方式。信用等级 AA－级（含）以上或总行另有规定的，可发放信用贷款。

十四、农业科技贷款业务

中国农业发展银行提供的农业科技贷款，是指按照国家政策规定，为支持农业、林业、畜牧、渔业、水利等领域的新品种、新技术、新设备、新产品等科技成果的转化和产业化而发放的贷款。

1. 贷款对象。

主要是从事农业科技成果转化或产业化生产的企业法人，以及从事农业科技成果转化的农业科技推广单位和科研院校（所）等事业法人。

2. 贷款范围。

凡属于《国务院关于印发〈国家中长期科学和技术发展规划纲要（2006—2020）〉的通知》明确提出的农业科技发展优先主题领域的科技成果转化或产业化项目，均可作为农业科技贷款的支持范围。

3. 贷款种类。

农业科技贷款分为短期贷款和中长期贷款。

4. 贷款用途：

短期贷款用于解决借款人实施农业科技成果转化或产业化的流动资金需要；中长期贷款用于解决借款人承担农业科技成果转化或产业化的固定资产性质（包括知识产权等）的中长期资金需求。

5. 贷款条件。

（1）转化或产业化的农业科技成果应当属于以下几种类型之一：列入国家或省级政府有关部门科技计划并经省级以上科技部门、行业主管部门或其指定机构鉴定的农业科技成果；通过国家或省级政府有关部门组织评定，颁给科技成果鉴定证书、高（新）技术产品证书、科技成果推广证书、科技进步奖励证书等的农业应用科技成果；国家或省级政府有关部门委托有关机构鉴定的特殊品质的农业科技成果；已经获得国家专利的农业应用科技成果；从国外引进并经国家或省级政府有关部门或其指定机构认定或推广的农业科技成果。

（2）借款人具备从事农业科技成果转化或产业化的条件和能力，具有较好的经济和社会效益。

（3）借款人申请中长期贷款的，必须有不低于项目总投资额20%的资本金；属于政府承诺为借款人还本付息的项目，资本金比例可适当降低。

（4）借款人为企业法人的，经中国农业发展银行评定，信用等级应在A级（含）以上；借款人为事业法人的，对其信用等级暂不做规定。

6. 贷款期限。

农业科技贷款期限，原则上根据农业科技成果的转化周期或生产经营周期，以及借款人的综合还款能力，由借款人与贷款人双方协商确定。短期贷款期限一般为6个月，最长不超过1年。中长期贷款期限一般为1~5年，最长不超过8年。在借款合同约定的贷款期限内，可根据项目建设期限或达产期给予一定的宽限期。

7. 贷款利率。

农业科技贷款原则上执行中国人民银行规定的金融机构同期、同档次利率。贷款利率不上浮或少上浮。

8. 贷款方式。

农业科技贷款一般采用担保（包括知识产权权利质押）贷款方式。对由市（地）级以上政府财政部门或财力较强的县（市）政府财政部门承诺对项目或借款人还本付息的，可以采取信用贷款方式。

十五、农业小企业贷款业务

农业小企业贷款是为解决农业小企业生产经营活动过程中的资金需要而发放的贷款。

1. 贷款对象。

农业小企业贷款对象为农、林、牧、副、渔业从事种植、养殖、加工、流通的各类所有制和组织形式的小企业。

2. 贷款种类。

农业小企业贷款按照贷款用途分为流动资金贷款和固定资产贷款两种。

（1）流动资金贷款。主要用于解决借款人生产经营过程中的流动资金需要，贷款期限一般不超过1年，生产经营周期在1年以上的从事种植和养殖的农业小企业流动资金贷款期限最长不超过3年。

（2）固定资产贷款。主要用于解决借款人新建、扩建、改造、开发、购置等固定资产投资项目和生产基地建设项目的资金需要，贷款期限一般为1~3年，最长不超过5年。

3. 贷款条件。

（1）依法办理工商登记，取得营业执照和有效年检手续，特殊行业须持有有权机关颁发的营业或经营许可证。

（2）持有中央银行核准发放并经过年检的贷款卡、技术监督部门颁发并年检的组织机构代码证。

(3) 在中国农业发展银行开立存款账户，自愿接受中国农业发展银行的信贷管理，恪守信用，遵守合同；企业主、经营者及主要股东个人资信状况良好，无违法和违反社会公德的行为。

(4) 有合法稳定的收入或补贴来源，具备按期还本付息能力；企业法人资产负债率等主要财务指标达到中国农业发展银行规定的要求。

(5) 提供符合规定条件的担保。

(6) 申请固定资产项目贷款的，自有资金不低于项目总投资额30%。

(7) 中国农业发展银行要求的其他条件。

4. 优势。

(1) 担保方式更加适应小企业特点。农业小企业贷款采用担保贷款方式，可采取企业联保、担保公司保证、林权质押等多种担保方式，并积极鼓励企业主、企业法人代表或主要个人股东以其个人财产抵（质）押或提供保证的担保方式。

(2) 贷款利率优惠。农业小企业贷款实行风险定价，以风险与收益对称为原则，贷款利率在基准利率的基础上最高上浮30%。

第四节 中国进出口银行贷款

中国进出口银行成立于1994年，是直属国务院领导的、政府全资拥有的国家银行，其国际信用评级与国家主权评级一致。中国进出口银行总部设在北京，目前在国内设有22家营业性分支机构，在境外设有东南非代表处、巴黎代表处和圣彼得堡代表处，并与1 250多家银行的总分支机构建立了代理行关系。

中国进出口银行是中国外经贸支持体系的重要力量和金融体系的重要组成部分，其主要职责是为扩大我国机电产品、成套设备和高新技术产品进出口，推动有比较优势的企业开展对外承包工程和境外投资，促进对外关系发展和国际经贸合作，提供金融服务。

中国进出口银行主要办理出口信贷和进口信贷，对外承包工程和境外投资贷款，中国政府对外优惠贷款，提供对外担保，转贷外国政府和金融机构提供的贷款，本行贷款项下的国际国内结算业务和企业存款业务，在境内外资本市场、货币市场筹集资金，国际银行间的贷款，组织或参加国际、国内银团贷款，从事人民币同业拆借和债券回购，从事自营外汇资金交易和经批准的代客外汇资金交易，办理与本行业务相关的资信调查、咨询、评估和见证业务，以及经批准或受委托的其他业务。

一、出口卖方信贷业务

（一）设备出口卖方信贷

设备出口卖方信贷是指中国进出口银行对我国企业出口设备（含附件）、大型单机及对外提供设备相关技术服务项目所需资金提供的本、外币贷款。

1. 贷款对象。

凡在我国工商行政管理部门登记注册、具有独立法人资格的企业，均可向中国进出口银行申请设备出口卖方信贷。

2. 贷款申请条件。

（1）设备生产和代理出口企业具备相应的生产能力和出口合同履约能力，借款人经营管理、财务和资信状况良好，具备偿还贷款本息能力；

（2）除对外提供设备相关技术服务项目外，单笔出口合同金额不低于100万美元或借款人上一年度累计设备出口额不低于500万美元；

（3）企业承揽设备出口项目，应符合《大型单机和成套设备出口项目协调管理办法》的有关规定；

（4）延期付款的项目，延期支付部分应提供中国进出口银行认可的支付保证；

（5）进口商具备相应实力，资信状况良好；

（6）对收汇风险较大的项目，必要时应按中国进出口银行的要求投保相应的出口信用险；

（7）提供中国进出口银行认可的还款担保；

（8）中国进出口银行认为必要的其他条件。

3. 贷款申请材料。

➢ 借款申请书；

➢ 设备出口合同及必要的国家有权审批机关批准文件，以及《大型单机和成套设备出口项目协调管理办法》规定的文件；

➢ 已收到的进度款收结汇水单、应收进度款的支付保证、延期付款项目中延期支付部分的支付保证；

➢ 出口项目现金流量表及经济效益分析；

➢ 出口信用保险承保意向性文件（如需投保出口信用险）；

➢ 借款人及担保人的基本情况介绍、经年检的营业执照副本、近三年经审计的财务报告及本年近期财务报表、其他表明借款人及担保人资信和经营状况的资料；

➢ 采取核定额度方式测算资金需求的，须提供借款人近三年设备出口情况、当年出口计划及已签订的部分出口合同；

➢ 还款担保意向书，采取抵（质）押担保方式的须出具有效的抵押物、质物权属证明和价值评估报告；

➢ 中国进出口银行认为必要的其他资料。

（二）高新技术产品（含软件产品）出口卖方信贷

高新技术产品（含软件产品）出口卖方信贷是指中国进出口银行对我国企业除船舶、设备类产品以外的高新技术产品出口所需资金提供的本、外币贷款。

1. 贷款对象。

凡在我国工商行政管理部门登记注册，具有独立法人资格，并具有高新技术产品出口经营权的企业，均可向中国进出口银行申请高新技术产品出口卖方信贷。

2. 贷款申请条件。

（1）借款人经营管理、财务和资信状况良好，具备偿还贷款本息的能力；

（2）出口产品属于国家有关部门颁布的《高新技术产品出口目录》或《高新技术产品目录》的范围，或经国家主管部门认定为高新技术产品；

（3）借款人高新技术产品年出口额达到300万美元，或软件产品年出口额达到100万美元；

（4）软件出口企业应具备较强的科研开发能力，通过CMM（软件开发企业能力成熟度模型）2级以上认证或GB/T19000—ISO9000系列质量保证体系认证；

（5）提供中国进出口银行认可的还款担保；

（6）中国进出口银行认为必要的其他条件。

3. 贷款申请材料。

➢ 借款申请书；

➢ 借款人出口经营权资格证书、借款人及担保人的基本情况介绍、经年检的营业执照副本、近三年经审计的财务报告及本年近期财务报表、其他表明借款人及担保人资信和经营状况的资料；

➢ 借款人近三年高新技术产品出口情况、当年出口计划及已签订的部分出口合同；

➢ 还款担保意向书，采取抵（质）押担保方式的须出具有效的抵押物、质物权属证明和价值评估报告；

➢ 中国进出口银行认为必要的其他资料。

（三）一般机电产品出口卖方信贷

一般机电产品出口卖方信贷是指中国进出口银行对我国企业除船舶、设备和高新技术类机电产品以外的机电产品出口所需资金提供的本、外币贷款。

1. 贷款对象。

凡在我国工商行政管理部门登记注册，具有独立法人资格，并具有一般机电产品出口经营权的企业，均可向中国进出口银行申请一般机电产品出口卖方信贷。

2. 贷款申请条件。

（1）借款人经营管理、财务和资信状况良好，具备偿还贷款本息的能力；

（2）出口产品属于国家有关部门颁布的《机电产品目录》的范围，或经国家主管部门认定为机电产品；

（3）借款人一般机电产品年出口额达到500万美元，实力较强的中西部地区企业和民营企业一般机电产品年出口额达到300万美元；

（4）提供中国进出口银行认可的还款担保；

（5）中国进出口银行认为必要的其他条件。

3. 贷款申请材料。

➢ 借款申请书；

➢ 借款人出口经营权资格证书、借款人及担保人的基本情况介绍、经年检的营业执照副本、近三年经审计的财务报告及本年近期财务报表、其他表明借款人及担保人资信和经营状况的资料；

➢ 借款人近三年一般机电产品出口情况、当年出口计划及已签订的部分出口合同；

➢ 还款担保意向书，采取抵（质）押担保方式的须出具有效的抵押物、质物权属证明和价值评估报告；

➢ 中国进出口银行认为必要的其他资料。

（四）对外承包工程贷款

对外承包工程贷款是指中国进出口银行对我国企业承接的境外工程承包项目所需资金发放的本、外币贷款。

1. 贷款对象。

凡在我国工商行政管理部门登记注册，具有独立法人资格，并具有对外承包工程经营权，具备对外承包工程专业技术资质和实力的企业，均可向中国进出口银行申请对外承包工程贷款。

2. 贷款申请条件。

（1）借款人经营管理、财务和资信状况良好，具备偿还贷款本息的能力；

（2）已签订对外承包工程合同，必要时需经国家有权审批机关批准；

（3）对外承包合同金额不低于100万美元，预付款比例一般不低于15%，延期付款部分应提供中国进出口银行认可的支付保证；

（4）对外承包工程项目应有较好的经济效益；

（5）承包商具有实施对外承包工程的相关资质、工程履约能力；

（6）项目所在国的政治、经济状况相对稳定；

（7）对收汇风险较大的项目，应按中国进出口银行的要求投保相应的出口信用险；

（8）提供中国进出口银行认可的还款担保；

（9）中国进出口银行认为必要的其他条件。

3. 贷款申请材料。

➢ 借款申请书；

➢ 工程承包合同及必要的国家有权审批机关批准文件

➢ 与承包工程有关的采购合同及其他商务合同；

➢ 借款人承包工程项目的经济效益分析和项目现金流量表；

➢ 出口信用保险承保意向性文件（如需投保出口信用险）；

➢ 借款人对外承包工程经营权证书、借款人及担保人的基本情况介绍、经年检的营业执照副本、近三年经审计的财务报告及本年近期财务报表、其他表明借款人及担保人资信和经营状况的资料；

➢ 还款担保意向书，采取抵（质）押担保方式的须出具有效的抵押物、质物权属证明及价值评估报告；

➢ 中国进出口银行认为必要的其他资料。

（五）境外投资贷款

境外投资贷款是指中国进出口银行对我国企业各类境外投资项目所需资金提供的本、外币贷款。

1. 贷款对象。

凡在我国工商行政管理部门登记注册，具有独立法人资格的企业，及其通过在境外控股的企业在境外进行的投资（含新建、购并、参股、增资、再投资等），均可以境内企业名义向中国进出口银行申请境外投资贷款。

2. 贷款申请条件。

（1）借款人具备与境外投资项目相适应的经济实力和经营管理能力，财务和资信状况良好，并具有一定的涉外经营管理经验；

（2）借款人在境外投资项目中出资总额不低于100万美元，以自有资金出资的比例一般不低于其应出资额的30%；

（3）拟投资项目获得我国和项目所在国或地区有权部门核准（批准），有关协议已经签订；

（4）拟投资的境外项目配套条件落实，预期经济效益良好，具备偿还贷款本息的能力；

（5）项目所在国投资环境良好；

（6）对国别风险较高的项目应按中国进出口银行的要求投保海外投资险；

（7）提供中国进出口银行认可的还款担保（经中国进出口银行批准免担保的除外）；

（8）中国进出口银行认为必要的其他条件。

3. 贷款申请材料。

➢ 借款申请书；

➢ 我国及项目所在国（地区）有权部门对境外投资项目的核准（批准）文件；

➢ 投资项目的合资（合作）协议、公司章程及有关的合同等；

➢ 投资项目可行性研究报告；

➢ 海外投资保险承保意向性文件（如需投保海外投资险）；

➢ 借款人及担保人的基本情况介绍、经年检的营业执照副本、近三年经审计的财务报告及本年近期财务报表、其他表明借款人及担保人资信和经营状况的资料，以及在境外所注册公司的有关资料；

➢ 还款担保意向书，采取抵（质）押担保方式的须出具有效的抵押物、质物权属证明及价值评估报告；

➢ 中国进出口银行认为必要的其他资料。

（六）农产品出口卖方信贷

农产品出口卖方信贷是指中国进出口银行对我国企业农产品出口所需资金提供的本、外币贷款。

1. 贷款对象。

在我国工商行政管理部门登记注册，具有独立法人资格，并从事农产品出口业务的企业。

2. 贷款申请条件。

（1）借款人经营管理、财务和资信状况良好，具备偿还贷款本息的能力；

（2）出口产品为我国农产品及其劳动加工产品；

（3）借款人年农产品出口额原则上达到100万美元及以上；

（4）提供中国进出口银行认可的还款担保或保险；

（5）中国进出口银行认为必要的其他条件。

3. 贷款申请材料。

➢ 借款申请书；

➢ 借款人出口经营权资格证书、借款人及担保人的基本情况介绍、经年检的营业执照副本、近三年经审计的财务报告及本年近期财务报表、其他表明借款人及担保人资信和经营状况的资料；

➢ 借款人近三年农产品出口情况、当年出口计划及已签订的部分出口合同；

➢ 还款担保意向书，采取抵（质）押担保方式的须出具有效的抵押物、质物权属证明和价值评估报告；

➢ 中国进出口银行认为必要的其他资料。

（七）文化产品和服务（含动漫）出口信贷

文化产品和服务（含动漫）出口信贷包括出口卖方信贷和出口买方信贷。文化产品和服务出口卖方信贷是指中国进出口银行对我国企业文化产品和服务出口所需资金提供的本、外币贷款。文化产品和服务出口买方信贷是指中国进出口银行向境外借款人发放的用于进口我国文化产品和服务所需资金的本、外币贷款。

1. 贷款对象。

凡在我国工商行政管理部门登记注册，具有独立法人资格，并具有文化产品和服务出口经营权的企业，均可向中国进出口银行申请文化产品和服务出口卖方信贷。中国进出口银行认可的进口商、进口国金融机构或进口国政府授权机构均可向中国进出口银行申请文化产品和服务出口买方信贷，且出口商为我国独立的企业法人，具有中国政府授权机构认定的实施文化产品和服务出口的资格，并具备履行商务合同的能力。

2. 贷款申请条件。

（1）申请文化产品和服务出口卖方信贷应具备以下条件：

➢ 借款人经营管理、财务和资信状况良好，具备偿还贷款本息的能力，在中国进出口银行信用等级评定结果在A-级（含）以上；

➢ 出口的文化产品和服务列入国家有关部门颁布的《文化产品和服务出口指导目录》，或属于图书、报刊、电子音像制品、电影和电视剧版权出口以及文化企业在境外设立出版社、广播电视网、出版物营销机构、广播电视在境外落地、购买境外媒体播出时段、在境外开办广播电视频率频道和文化企业开展对外劳务合作等；

➢ 提供中国进出口银行认可的还款担保；

➢ 中国进出口银行认为必要的其他条件。

（2）申请文化产品和服务出口买方信贷应具备以下条件：

➢ 借款人所在国经济、政治状况相对稳定；

➢ 借款人资信状况良好，具备偿还贷款本息能力；

➢ 出口的文化产品和服务列入国家有关部门颁布的《文化产品和服务出口指导目录》，或属于图书、报刊、电子音像制品、电影和电视剧版权出口和文化企业开展对外劳务合作等；

➢ 借款人提供中国进出口银行认可的还款担保；

➢ 必要时投保出口信用险；

➢ 中国进出口银行认为必要的其他条件。

3. 贷款申请资料。

（1）申请文化产品和服务出口卖方信贷须提交以下材料：

➢ 借款申请书；

➢ 借款人文化产品和服务出口经营权资格证书、借款人及担保人的基本情况介绍、经年检的营业执照副本、近三年经审计的财务报告及本年近期财务报表、其他表明借款人及担保人资信和经营状况的资料；

➢ 借款人近三年文化产品和服务出口情况、当年出口计划及已签订的部分出口合同，以及与申贷项目有关的商务合同、合作协议等；

➢ 必要的国家有权审批机关及项目所在国批准文件、必要的项目可行性分析报告、项目现金流量表及经济效益分析；

➢ 出口信用保险承保意向性文件（如需投保出口信用险）；

➢ 还款担保意向书，采取抵（质）押担保方式的须出具有效的抵押物、质物权属证明和价值评估报告；

➢ 中国进出口银行认为必要的其他资料。

（2）申请文化产品和服务出口买方信贷应提交以下材料：

➢ 借款申请书；

➢ 商务合同草本、意向书或其他契约性文件；

➢ 必要的项目可行性分析报告；

➢ 必要的国家有权审批机关及项目所在国批准文件；

➢ 借款人、保证人、进口商、出口商的资信材料及有关证明文件，借款人、保证人（政府机构除外）近三年经审计的财务报表；

➢ 申请人民币出口买方信贷的，需提供开立银行结算账户申请书及相关证明文件；

➢ 采取抵（质）押方式的，需提交有效的权属证明文件和价值评估报告；

➢ 保险承保意向性文件（如有）；

➢ 中国进出口银行认为必要的其他材料。

二、出口买方信贷业务

中国进出口银行办理的出口买方信贷是向境外借款人发放的中长期信贷，用于进口商（业主）即期支付中国出口商（承包商）商务合同款，促进中国产品、技术和服务的出口。

1. 贷款对象。

出口买方信贷的借款人为中国进出口银行认可的进口商（业主）、金融机构、进口国财政部或进口国政府授权的机构。出口商（承包商）为独立的企业法人，具有中国政府授权机构认定的实施出口项目的资格，并具备履行商务合同的能力。

2. 贷款申请条件。

申请出口买方信贷应具备以下条件：

（1）借款人所在国经济、政治状况相对稳定；

（2）借款人资信状况良好，具备偿还贷款本息的能力；

（3）商务合同金额在 200 万美元以上，出口项目符合出口买方信贷的支持范围；

（4）借款人提供中国进出口银行认可的还款担保；

（5）必要时投保出口信用险；

（6）中国进出口银行认为必要的其他条件。

3. 信贷条件。

（1）贷款币种。贷款货币一般为美元或中国进出口银行认可的其他外币。中国进出口银行也可按照有关规定提供人民币出口买方信贷。

（2）贷款金额。对出口船舶提供的贷款一般不超过合同金额的 80%，对其他出口项目和工程承包项目提供的贷款一般不超过合同金额的 85%。

（3）贷款期限。贷款期限根据项目现金流核定，从首次提款之日起至贷款协议规定的最后还款日止，原则上不超过 15 年。还款期内借款人原则上每半年等额还款一次，特殊情况下也可采取非等额还款方式。

4. 贷款申请和审批。

申请出口买方信贷应提交以下材料：①借款申请书；②商务合同草本、意向书或招投标文件；③项目可行性分析报告；④必要的国家有权审批机关及项目所在国批准文件；⑤借款人、保证人、进口商（业主）、出口商（承包商）的资信材料及有关证明文件，借款人、保证人（政府机构除外）的财务报表；⑥申请人民币出口买方信贷的，需提供开立银行结算账户申请书及相关证明文件；⑦采取抵（质）押方式的，需提交权属证明文件和必要的价值评估报告；⑧中国进出口银行认为必要的其他材料。

中国进出口银行按规定程序审查借款申请材料，议定信贷条件，完成贷款审批程序。对于大型工程承包项目、生产型项目或结构较为复杂的项目，必要时可外聘人员或机构进行咨询论证和尽职调查。

4. 贷款发放和偿还。

贷款批准后，中国进出口银行与借款人签订贷款协议等法律文件，落实担保措施，办理有关担保和权益转让手续。贷款协议生效且规定的提款条件满足后，中国进出口银行按照贷款协议规定的放款程序发放贷款。借款人须根据贷款协议规定按时支付有关费用、偿还贷款本金和利息。

5. 出口买方信贷业务流程。

（1）出口商和进口商双方签订商务合同，合同金额不少于200万美元；

（2）中国进出口银行和借款人签订贷款协议，贷款金额不高于商务合同金额的85%，船舶项目不高于80%；

（3）视项目情况要求担保人提供担保或采取综合担保措施保证贷款安全；

（4）视项目具体情况要求投保出口信用险或政治险保险；

（5）借款人预付款金额不能低于商务合同总金额的15%，船舶项目不低于20%；

（6）出口商根据合同规定发放货物；

（7）中国进出口银行依据贷款协议的相关规定发放贷款；

（8）借款人根据贷款协议每半年偿还一次贷款本息及费用。

三、资源类进口信贷

资源类进口信贷业务是中国进出口银行为我国企业进口资源所需本外币资金提供的债权性融资。

1. 贷款对象和贷款申请条件。

资源进口贷款用于借款人进口资源所需资金。以自用为主的生产企业和以内销为主的进口代理企业，年资源进口额达到1 000万美元，均可向中国进出口银行申请资源进口贷款。

2. 贷款申请资料。

➢ 借款申请书；

➢ 借款人或进口代理人进口经营权资格证书、借款人及担保人的基本情况介绍、经年检的营业执照副本、近三年经审计的财务报告及本年近期财务报表、其他表明借款人及担保人资信和经营状况的资料；

➢ 借款人近三年资源产品进口情况、当年资源产品进口计划及已签订的部分进口合同；

➢ 必要的国家主管部门进口批准、证明文件；

➢ 还款担保意向书，采取抵（质）押担保方式的须出具有效的抵押物、质物权属证明和价值评估报告；

➢ 中国进出口银行认为必要的其他资料。

四、优惠贷款业务

（一）中国政府对外优惠贷款业务

中国政府对外优惠贷款（以下简称优惠贷款）是指中国政府指定中国进出口银行向发展中国家政府提供的具有援助性质的中长期低息贷款。

借款人一般为借款国政府财政部，特殊情况下可以为受援国政府指定并经中国进出口银行认可的、财政部提供还款担保的金融机构或其他机构。

贷款项目应具备的条件：①项目得到中国政府和借款国政府的认可；②借款国与中国有良好外交关系，政治经济状况相对稳定，具有偿还贷款本息的能力且偿债信誉良好；③项目技术上可行，符合借款国经济发展和行业规划重点领域要求，有良好经济效益或社会效益；④项目配套资金已落实。

（二）优惠出口买方信贷业务

优惠出口买方信贷是指为推动与重点国家和地区的经贸合作，采用出口买方信贷形式对外提供的由中国进出口银行承办的特定贷款。

中国进出口银行作为唯一政府授权承办优惠出口买方信贷业务的银行，负责贷款项目的评估审查、贷款协议的签订、贷款发放、催收贷款本息及贷后管理等工作。

贷款项目应符合借款国经济发展和行业规划重点领域要求，有利于促进借款国经济和社会发展，促进与中国经贸合作关系的发展，应能为借款国创造就业或带来外汇收入。贷款重点投资领域为基础设施建设（能源、交通、通信等）和高效率产业（生产、加工、农业等）。

五、外国政府转贷业务

外国政府和国际金融机构贷款是指经国务院批准，由财政部代表国家向外国政府和国际金融机构统一筹借并形成政府外债的贷款、国务院批准参照外国政府贷款管理的其他国外贷款，以及与上述贷款搭配使用的联合融资。

1. 转贷项目分类。

（1）按照不同的还款责任，外国政府贷款转贷项目分为三类：第一类项目是省级财政部门或中央部门作为借款人，并承担还款责任的项目；第二类项目是项目单位作为借款人，并承担还款责任，省级财政部门或中央部门提供还款保证的项目；第三类项目是项目单位作为借款人，并承担还款责任，由非省级财政部门或中央部门提供还款保证，转贷银行作为对外最终还款人的项目。

（2）由财政部转贷给该行，并由该行自营转贷的国际金融机构贷款项目。

2. 贷款范围及用途。

（1）贷款对象。依法设立的机关、企业及事业单位等各类法人机构。

（2）贷款用途。支付贷款项目商务合同、咨询合同项下的设备和技术、服务费用及其他相关费用。

3. 转贷程序。

（1）财政部作为我国利用外国政府和国际金融机构贷款的对外窗口，负责与外国政府和国际金融机构签署贷款协议或委托转贷银行与国外贷款机构签署贷款协议，各级发展改革委部门负责项目的立项、可行性研究报告的审批等。

（2）地方财政、发展改革委部门将转贷项目材料逐级上报，由财政部根据借款人的选择委托转贷银行审批后签署转贷协议。

4. 贷款国别。

中国进出口银行自1995年4月1日承办外国政府贷款转贷业务以来，截至目前，已承接了二十多个国家和五个国际金融机构的外国政府贷款。

5. 贷款条件。

外国政府贷款期限长、利率低，条件相对比较优惠。不同贷款国别提供的贷款条件不同，比如德国政府贷款转贷期限一般为15~40年，利率为0.75%~3.25%。

6. 外国政府贷款转贷政策。

（1）贯彻执行国家有关的利用外资政策和产业政策；

（2）主要支持交通、城建、教育、医疗、水利、农业、环保、节能等经济社会发展基础行业；

（3）积极配合实施西部大开发和振兴东北老工业基地和中部崛起战略，重点支持中西部地区和振兴东北老工业基地的经济社会发展；

（4）充分利用外国政府贷款期限长、利率低等优惠条件，支持企业引进国外先进设备和技术，促进国民经济的结构调整。

六、对外担保业务

中国进出口银行办理的对外担保业务，是指中国进出口银行以保函（含备用信用证）形式向境外债权人或受益人承诺，当债务人（被担保人）未按有关合同偿付债务或履行义务时，由中国进出口银行履行保函所规定的义务。

中国进出口银行对外担保业务为国际担保，支持范围包括：机电产品、成套设备和高新技术产品出口，对外承包工程、境外加工贸易、海外投资等项目及视同出口的境内国际金融组织和外国政府贷款国际招标项目。

1. 申请条件。

具有法人资格，有外经、外贸经营权，符合《境内机构对外担保管理办法》要求的企业和机构均可向中国进出口银行申请办理对外担保业务。

2. 办理机构。

中国进出口银行总行于1996年开办对外担保业务，2003年以后，对外担保业务全部交由营业性分支机构办理，无营业性分支机构地区的对外担保业务由总行营业部办理。总行国际业务部为对外担保业务的管理部门。

3. 操作流程。

（1）保函申请。客户申请开立保函需向进出口银行提供下列文件：①开立保函申请书（进出口银行格式）。②商务合同/标书副本及相关材料。③保函格式。④项目材料。⑤申请人近三年经审计的财务报表及最近一期的财务报表。⑥反担保措施及证明文件，反担保形式包括保证金、保函专项授信额度、信用反担保、抵押、质押等。在采用信用反担保时，需提供保证人近三年经审计的财务报表。⑦中国进出口银行要求的其他材料。

第一次到中国进出口银行办理开立保函的客户，还应提交以下材料：企业营业执照复印件；企业外经、外贸经营权证明文件的复印件；经中国人民银行年审的贷款卡及经核查有效的贷款卡密码；企业隶属关系文件（如有）；企业中、英文名称；法定代表人授权书；中国进出口银行要求的其他材料。

（2）中国进出口银行审核申请人资信情况、履约能力、项目可行性和保函条款。

（3）落实反担保。

（4）收取担保费和手续费。

（5）对外开出保函。

4. 注意事项。

（1）中国进出口银行不受理连续三年亏损的企业的对外担保业务。

（2）“大企业、大项目”申请人可向中国进出口银行申请开立保函专项授信额度。

七、贸易融资业务

中国进出口银行办理的贸易融资业务，是指依托各种国际结算方式为客户提供的打包贷款、出口押汇、授信开证、授信开立保函、进口押汇、提货担保、保理、福费廷等融资或信用便利服务。

（1）打包贷款。打包贷款指中国进出口银行对出口商凭其与进口商签订的商务合同和境外银行开立的有效信用证正本，为出口商在装船前对出口商品的采购、生产和装运等经营活动发放的专项授信。

（2）出口押汇。出口商发运货物并交来信用证或合同要求的单据后，中国进出口银行向出口商有追索权地提供以出口单据为质押的资金融通的一种授信。根据结算方式的不同，出口押汇可分为信用证项下的出口押汇和跟单托收项下的出口押汇。

（3）授信开证。授信开证指进口商申请开立信用证时，中国进出口银行在未收取全额保证金的情况下，为进口商办理进口开证的一种授信业务。

（4）进口押汇。进口押汇指进口商以进口货物物权做抵押，中国进出口银行为其提供有追索权的短期资金融通的授信业务。根据结算方式的不同，进口押汇分为信用证项下进口押汇和进口代收项下进口押汇。

（5）提货担保。提货担保指信用证项下进口货物先于单据到达目的地，中国进出口银行应进口商的申请，为其向船运公司承运人或其代理人出具的提货担保书以提取货物的一种授信业务。

（6）授信开立保函。授信开立保函指中国进出口银行受理客户对外开立保函时，在未收取全额保证金的情况下，为客户办理对外开立保函的一种授信业务。

（7）出口保理。出口保理指出口商发货后，采用商业承兑交单（D/A）或赊销（O/A）方式收取货款的情况下，将应收账款转让给中国进出口银行，再由中国进出口银行转让给国外进口保理商，由进口保理商为出口商提供应收账款的催收与坏账担保，并由中国进出口银行向出口商提供融资与收账管理的一种授信业务。

(8) 出口商业发票贴现。出口商业发票贴现指出口商发货后，采用商业承兑交单（D/A）或赊销（O/A）方式收取货款的情况下，将应收账款转让中国进出口银行，中国进出口银行保留追索权地以贴现的方式买入出口商业发票项下应收款项，为客户提供短期资金融通的一种授信业务。

(9) 进口保理。进口保理指进口商进口货物时，采用商业承兑交单（D/A）或赊销（O/A）方式支付货款的情况下，中国进出口银行应国外出口保理商的申请，为国内进口商核定信用额度，从而向国外出口商提供应收账款催收、资信调查、坏账担保等服务的一种授信业务。

(10) 福费廷。福费廷指中国进出口银行无追索权地买入出口商持有的、经银行保付的远期汇票或本票的一种授信业务。

八、其他贷款业务

（一）出口企业固定资产投资贷款

出口企业固定资产投资贷款是中国进出口银行发放的，用于企业为提高出口产品技术含量和附加值而实施的新建、改建、扩建、重建、技术改造、购置设备等固定资产投资项目的本外币贷款。

1. 贷款对象。

在国内注册并具有一定出口规模和出口优势的具备独立法人资格的企业或项目公司。

2. 贷款条件。

(1) 借款人具备与拟投资项目相适应的经济实力和经营管理能力，财务和资信状况良好；

(2) 借款人在拟投资项目中出资额不低于1 000万元人民币，以自有资金出资比例一般不低于项目总投资的30%；

(3) 拟投资项目必须符合国家的产业、国土、环保及节能减排、资源、城市总体规划、区域控制性详细规划及其他相关政策和进出口银行的信贷准入要求与投向政策；

(4) 拟投资项目已按国家或地方规定完成审批、核准或备案手续，各项手续齐备、完整；

(5) 拟投资项目配套条件落实，项目竣工投产后的配套流动资金基本落实，项目预期经济效益良好，具备偿还贷款本息的能力；

(6) 提供中国进出口银行认可的还款担保；

（7）中国进出口银行认为必要的其他条件。

3. 贷款申请材料。

➢ 借款申请书；

➢ 根据项目的不同管理模式提供相应的审批、核准或备案材料以及政府相关部门出具的批准文件；

➢ 借款人签署的投资协议、公司章程及有关合同等；

➢ 还款担保意向书，采取抵（质）押担保方式的须出具有效的抵押物、质物权属证明及价值评估报告；

➢ 中国进出口银行认为必要的其他资料。

（二）出口基地建设贷款业务

出口基地建设贷款业务是中国进出口银行支持出口基地的新建、改建、扩建、重建、购置设备等固定资产投资项目的本外币贷款。

1. 贷款对象。

在中国进出口银行认可的出口基地内注册或在基地内从事开发、建设、运营、管理等经营活动，具有独立法人资格的企业或项目公司。

2. 贷款条件。

（1）借款人具备与拟投资项目相适应的经济实力和经营管理能力，财务和资信状况良好；

（2）借款人在拟投资项目中出资额不低于1 000万元人民币，以自有资金出资比例一般不低于项目总投资的30%；

（3）拟投资项目经国家或地方有权审批机关批准立项，各项手续齐备、完整；

（4）拟投资项目配套条件落实，项目竣工投产后的配套流动资金基本落实，项目预期经济效益良好，具备偿还贷款本息的能力；

（5）提供中国进出口银行认可的还款担保；

（6）中国进出口银行认为必要的其他条件。

3. 贷款申请材料。

➢ 借款申请书；

➢ 国家或地方有权审批机关对出口基地建设的各类批准文件；

➢ 借款人签署的投资协议、公司章程及有关合同等；

➢ 投资项目可行性研究报告；

➢ 借款人及担保人的基本情况介绍及表明借款人及担保人资信和经营状况的

资料；

➢ 还款担保意向书，采取抵（质）押担保方式的须出具有效的抵押物、质物权属证明及价值评估报告；

➢ 中国进出口银行认为必要的其他资料。

第三章
商业银行贷款

除前述政策性银行外，银行业还有商业银行、投资银行、信用社等多种类型，其中与中小企业、政府、其他组织机构和个人等最经常打交道的是商业银行。商业银行的主要业务范围包括吸收公众、企业及其他机构的存款，发放贷款，票据贴现及中间业务等。商业银行是储蓄机构而不是投资机构，不同商业银行，其经营目的、业务操作、经营范围、经营科目、服务对象、对风险的容忍度等都有所区别。本章主要概要介绍商业银行面向中小企业的各项贷款业务。

第一节 商业银行贷款概述

最初使用“商业银行”这个概念，是因为这类银行在发展初期只做商业短期放贷业务，放款期限一般不超过一年，放款对象一般为商人和进出口贸易商。人们将这种以吸收短期存款、发放短期商业贷款为基本业务的银行称为商业银行。我国的商业银行是指依照《商业银行法》和《公司法》设立的吸收公众存款、发放贷款、办理结算等业务的企业法人。

贷款是商业银行作为贷款人，按照一定的贷款原则和政策，以还本付息为条件，将一定数量的货币资金提供给借款人使用的一种借贷行为。贷款是我国大多数商业银行最大的资产业务，通常占其全部资产业务的60%以上。

商业银行贷款业务按照不同的分类标准，通常有以下几种分类：一是按贷款期限的长短，可分为短期贷款和中长期贷款。二是按贷款的用途不同，可分为流动资金贷款、固定资金贷款、科技开发贷款和专项贷款。本章后面章节也主要是按这个分类对商业银行涉及中小企业的贷款业务进行简单介绍。三是按照贷款有无担保品划分，可分为信用贷款、担保贷款和票据贴现。四是按贷款的偿还方式划分，可分为一次性偿还贷款和分期偿还贷款。五是按贷款质量划分，分为正常贷款、关注贷款、次级贷款、可疑贷款和损失贷款等。

商业银行对任何一笔贷款，通常都要遵循以下基本程序：贷款申请——→贷款调查——→对借款人的信用进行评估——→贷款审批——→借款合同的签订和担保——→贷款发放——→贷后检查——→贷款收回。

第二节 流动资金贷款

流动资金贷款是为满足借款人在生产经营过程中的临时性、季节性资金需求，保证生产经营活动的正常进行而发放的贷款。流动资金贷款流动性强，主要适用于有中、短期资金需求的工商企业借款人。

流动资金贷款的特点是期限灵活，能够满足借款人临时性、短期和中期流动资金需求，故此按期限通常分为临时流动资金贷款、短期流动资金贷款和中期流动资金贷款。临时流动资金贷款是指期限在3个月（含3个月）以内的流动资金贷款，主要用于企业一次性进货的临时需要和弥补其他季节性支付资金不足；短期流动资金贷款是指期限为3个月至1年（不含3个月，含1年）的流动资金贷款，主要用于企业正常生产经营周转的资金需求；中期流动资金贷款是指期限为1年至3年（不含1年，含3年）的流动资金贷款，主要用于企业正常生产经营中经常性的周转占用和铺底流动资金贷款。

一、流动资金贷款办理程序

1. 申请。

借款人向商业银行提出流动资金贷款申请，主要应提供以下文件和资料：

- 营业执照；
- 组织机构代码证书；
- 法定代表人身份证明；
- 贷款证（卡）；
- 经财政部门或会计（审计）师事务所核准的前三个年度及上个月财务报表和审计报告（成立不足三年的企业，提交自成立以来的年度和近期报表）；
- 税务部门年检合格的税务登记证明；
- 公司合同或章程；
- 企业董事会（股东会）成员名单和主要负责人、财务负责人签字样本等；
- 信贷业务由授权委托人办理的，需提供企业法定代表人授权委托书（原件）；
- 若借款人为有限责任公司、股份有限公司、合资公司、合作公司或承包经营企业的，还要提供董事会（股东会）或发包人同意申请信贷业务的决议或具有同等法律效力的文件或证明；
- 担保人相关材料；
- 商业银行要求提供的其他资料。

2. 签订合同。

如商业银行经调查和审批后认为符合贷款条件，接下来借款人需与商业银行签订借款合同和担保合同等法律文件。

3. 落实担保。

如果需要担保，借款人与商业银行签订借款合同时，还需进一步落实第三方保证、抵押、质押等担保措施，并办理有关担保登记、公证或抵押物保险、质物交存银行等担保手续。

4. 贷款获取。

借款人办妥发放贷款前的有关手续后，借款合同即生效，商业银行即可向借款人发放贷款，借款人可按照合同规定用途支用贷款。

5. 还款。

借款人按借款合同约定的时间和方式偿还贷款，需要延长贷款期限的，提前与商业银行协商办理延期手续。

二、流动资金贷款品种

商业银行通常会根据自身经营特色和不同客户群体，推出不同种类的流动资金贷款品种。我国商业银行目前推出的流动资金贷款品种主要有营运资金贷款、周转限额贷款、临时贷款、法人账户透支和备用贷款等。

1. 营运资金贷款。

营运资金贷款是商业银行为满足优质借款人日常经营中合理的资金连续使用需求，以其未来综合收益和其他合法收入作为还款来源而向客户发放的贷款。营运资金贷款适合生产经营正常，存在合理的资金连续使用需求，且未来预期收入较有保障的优质借款人办理。

本品种业务办理方式多样，允许采用循环方式办理，即与借款人一次性签订循环借款合同，在合同规定的期限和额度内，允许借款人多次用款、逐笔归还、循环使用。

2. 周转限额贷款。

周转限额贷款是商业银行为满足借款人日常经营中确定用途项下的资金短缺需求，以约定的、可预见的经营收入作为还款来源而发放的贷款。周转限额贷款适用于资金需求与日常经营直接相关的借款人。

3. 临时贷款。

临时贷款是商业银行为满足借款人在生产经营过程中因季节性或临时性的物资采购资金需求，以对应的产品（商品）销售收入和其他合法收入等作为还款来源而发放的短期贷款。商业银行对临时贷款的管理遵循“锁定用途、落实还款、全程监控、款到收回”的原则。

4. 法人账户透支。

公司客户法人账户透支是商业银行根据公司客户的申请，核定其账户透支额度，允许其在结算账户存款不足以支付时，在核定的透支额度内直接透支取得信贷资金的一种短期融资方式。法人账户透支业务主要适用于在商业银行存款余额或结算量较大，但融资较少，有间歇性、临时性融资需求或现金管理综合服务需求的公司客户。

5. 备用贷款。

备用贷款是指商业银行为满足借款人未来一定时期内或有融资需求，向其出具的具有法律约束力、允许其在需要时按照合同约定条件提取贷款的信贷承诺。备用贷款对象原则上应为商业银行的大型优质客户。备用贷款可采用循环提款方式，即一次性签订备用贷款合同，在合同规定的期限和额度内，借款人可循环使用贷款。

第三节 国内贸易融资

国内贸易融资指商业银行对客户贸易用款及其担保性用款所提供的融资支持，主要包括信用证及其项下资产融资、卖方融资、买方融资，以及保理、发票融资等相关业务。需要注意的是，随着经济贸易发展，特别互联网+时代的到来，国内贸易也越来越国际化，商业银行国内贸易融资业务也在不断发展创新之中。

一、国内信用证

国内信用证是适用于国内贸易的一种支付结算方式，是开证银行依照申请人（购货方）的申请向受益人（销货方）开出的有一定金额、在一定期限内凭信用证规定的单据支付款项的书面承诺。

1. 适用对象。

买方流动资金不充裕或有其他投资机会，希望借助银行信用完成商品交易并控制交易风险。

2. 国内信用证的类别。

我国信用证为不可撤销、不可转让的跟单信用证。不可撤销信用证，是指信用证开具后在有效期内，非经信用证各有关当事人（即开证银行、开证申请人和受益人）的同意，开证银行不得修改或者撤销的信用证；不可转让信用证，是指受益人不能将信用证的权利转让给他人的信用证。

3. 结算方式。

信用证结算方式只适用于国内企业之间商品交易产生的货款结算，并且只能用于转款结算，不得支取现金。

4. 信用证融资的特色优势。

（1）买方能够依托银行信用，提升信用等级，改善谈判地位，促进贸易往来；

（2）减少买方资金占用，加速资金周转，优化财务报表；

（3）依托单据和信用证条款，控制货权、装期和质量，降低交易风险。

5. 办理程序。

办理信用证大致包括开证、通知、议付和付款四个基本程序。

（1）开证。

通常分为开证申请和受理开证两个步骤。

①开证申请。开证申请人使用信用证时，应委托其开户银行办理开证业务。开证申请人申请办理开证业务时，应当填具开证申请书、信用证申请人承诺书，并提交有关购销合同。

②受理开证。开证行根据申请人提交的开证申请书、信用证申请人承诺书及购销合同决定是否受理开证业务。开证行在决定受理该项业务时，应向申请人收取不低于开证金额20%的保证金，并可根据申请人资信情况要求其提供抵押、质押或由其他金融机构出具保函。

信用证的基本条款包括：开证行名称及地址；开证日期；信用证编号；不可撤销、不可转让信用证；开证申请人名称及地址；受益人名称及地址（受益人为有权收取信用证款项的人，一般为购销合同的供方）；通知行名称（通知行是指接受开证行委托，向受益人通知信用证的银行）；信用证有效期（信用证有效期为受益人向银行提交单据的最迟期限，最长不得超过6个月）；信用证的有效地点（信用证的有效地点为信用证指定的单据提交地点，即议付行或开证行所在地）；交单期（交单期为提交运输单据的信用证所注明的货物装运后必须交单的特定日期）；信用证金额；付款方式（即期付款、延期付款或议付）；运输条款；货物描述（包括货物名称、数量、价格等）；单据条款（必须注明据以付款或议付的单据，至少包括发票、运输单据或货物收据）；其他条款；开证行保证文句。

（2）通知。

通知行收到信用证，应认真审核。审核无误的，应填制信用证通知书，连同信用证交付受益人。

（3）议付。

议付是指信用证指定的议付行在单证相符条件下，扣除议付利息后向受益人给付对价的行为。议付行必须是开证行指定的受益人开户行。议付仅限于延期付款信用证。受益人可以在交单期或信用证有效期内向议付行提示单据、信用证正本及信用证通知书，并填制信用证议付/委托收款申请书和议付凭证，请求议付。

（4）付款。

办理付款后结束该信用证项下全部业务。

二、信用证项下打包贷款

国内信用证项下打包贷款，是指银行应卖方（国内信用证收益人）的申请，以其收到的信用证项下的预销货款作为还款来源，为解决卖方在货物发运前因支付采购物资、组织生产、货物运输等资金需要而向其发放的短期贷款。

1. 适用对象。

卖方流动资金紧缺，而买方不同意预付货款，但同意开立信用证。

2. 特色优势。

适用于卖方在国内信用证项下备货装运的短期资金融通需求。

3. 贷款条件。

申请打包贷款借款人应符合以下条件：

（1）当年信用等级为 A－级（含）以上的法人客户；

（2）能够提供贷款行认可的合法、足值、有效担保（符合贷款行信用贷款条件的客户除外）；

（3）履约能力强，履约记录良好；

（4）能及时、准确地提供相关贸易背景资料和财务报告，主动配合调查、审查和检查；

（5）在其他金融机构的现有融资无逾期；

（6）贷款用途符合国家法律、法规及有关政策规定；

（7）贷款行要求的其他条件。

4. 办理流程。

分为五个步骤：

第一步，卖方与贷款行签订融资协议，向贷款行提交打包贷款申请书、贸易合同、信用证正本及相关材料；

第二步，贷款行经审核后将打包贷款款项转入卖方账户；

第三步，卖方使用打包贷款款项完成采购、生产和装运后，向贷款行提交信用证项下单据；

第四步，贷款行将单据寄往开证行进行索汇；

第五步，开证行到期向贷款行付款，贷款行用以归还打包贷款款项。

三、信用证项下卖方融资

国内信用证项下卖方融资业务，是指以借款人（国内信用证受益人）收到的延期付款国内信用证项下的应收账款作为主要还款来源，由该行为其提供的短期融资。卖方融资分为议付和非议付两种类型。

1. 适用对象。

（1）卖方流动资金有限，依靠快速的资金周转开展业务；

（2）卖方在发货后、收款前遇到临时资金周转困难；

（3）卖方在发货后、收款前遇到新的投资机会，且预期收益率高于融资利率。

2. 融资条件。

国内信用证须具备以下条件：

（1）符合人民银行和该商业银行关于国内信用证结算管理的有关规定；

（2）属延期付款跟单信用证；

（3）信用证条款明确、合理且索汇路线简洁清晰；

（4）议付信用证须指定受益人开户行为议付行；

（5）信用证项下应收账款没有瑕疵，借款人未将其转让给任何其他人，也未在信用证上为任何其他人设定任何质权和其他优先受偿权；

（6）开证行是经该行总行批准开办国内信用证业务的该行系统内分支机构或经有权审批行核有授信额度并与该行达成国内信用证合作协议的其他境内金融机构；

（7）贷款行要求的其他条件。

4. 优势特色。

信用证项下卖方融资具有以下优势特色：

（1）卖方可以提前回笼资金，加快资金周转，优化财务报表，提升竞争力；

（2）无须担保，融资手续简便，办理效率高；

（3）灵活分担融资成本，既可以由卖方承担，也可以由买方承担；

（4）异地客户也可办理，不受地域限制；

（5）适用于解决卖方在以信用证结算方式下因赊销造成的临时资金短缺困难。

5. 业务流程。

大致分为五个步骤：

第一步，卖方与银行签订融资协议，提交单据和《国内信用证项下卖方融资申请书》；

第二步，银行经审核单据后，与卖方签署《国内信用证卖方融资合同》，并将融资款项转入卖方账户；

第三步，银行将单据寄往开证行进行索汇；

第四步，开证行收到单据后提示给信用证项下开证申请人；

第五步，开证行到期向银行付款，银行用以归还卖方融资款项。

四、信用证项下买方融资

信用证下买方融资是指商业银行应开证申请人要求，与其达成国内信用证项下单据及货物所有权归商业银行所有的协议后，商业银行以信托收据的方式向其释放单据并先行对外付款，待销售货物回笼资金后偿还银行融资。

1. 适用对象。

（1）买方遇到资金周转困难，无法按时付款赎单；

（2）买方在付款前遇到新的投资机会，且预期收益率高于融资利率；

（3）提高议价能力。通过将付款期限由延期付款改为即期，相应缩短延期付款的期限，可以帮助买方提高议价能力。

2. 产品功能。

国内商品交易买方收到信用证项下单据但暂时无力付款赎单时，可借助银行融资解决临时性资金短缺；

3. 开办条件。

（1）依法核准登记，具有经年检的法人营业执照或其他足以证明其经营合法和经营范围的有效证明文件；

（2）拥有贷款卡；

（3）拥有开户许可证，在贷款行开立结算账户；

（4）有合法有效的购销合同并约定以信用证结算。

4. 业务流程。

分为五个步骤：

第一步，商业银行应买方申请为其核定授信额度；

第二步，买方向商业银行提交《国内信用证项下买方融资申请书》；

第三步，商业银行审核通过后与客户签署《国内信用证买方融资合同》与信托收据；

第四步，商业银行代买方对外垫付款项，并将单据交付买方；

第五步，买方到期向商业银行付款，用以归还押汇款项。

五、国内保理

国内保理是指保理商（通常是银行或银行附属机构）为国内贸易中以赊销的信用销售方式销售货物或提供服务而设计的一项综合性金融服务。卖方（国内供应商）将其与买方（债务人）订立的销售合同所产生的应收账款转让给保理商，由保理商为其提供贸易融资、销售分户账管理、应收账款的催收、信用风险控制与坏账担保等综合性金融服务。

1. 国内保理业务的分类。

按是否可以向供应商追索，保理业务可分为有追索权保理（又叫应收账款收购及代购）和无追索权保理（又叫应收账款买断）两种。

（1）有追索权保理。指应收账款到期后买方没有履行付款义务，保理商可向供应商追索的保理。

（2）无追索权保理。指应收账款到期买方没有履行付款义务，保理商不能向供应商追索的保理。但买方以商业纠纷为由拒绝付款的，保理商仍可向供应商追索。

2. 国内保理业务的几个重要属性。

（1）期限。保理融资期限一般不超过12个月，最长不超过18个月（含1～6个月的宽限期）。

（2）额度。保理融资金额根据应收账款的质量、结构和期限按一定的预付比率确定，一般不超过应收账款净值的80%。

（3）利率。应收账款融资按人民银行规定收取融资利息，利率按照同档期贷款利率含浮动计算。

（4）费率。办理业务的手续费费率的高低取决于交易性质、金额、融资风险和服务内容等，一般为应收账款净额的0.1%～1%。

3. 国内保理业务的特点。

（1）兼容多种操作方式，突破应收账款债务人不配合办理手续的瓶颈，应收账款一旦形成，即可办理保理业务；

（2）支持多种融资方式，便于企业灵活选择合适的融资品种，合理控制财务成本；

（3）融资期限可以突破单笔应收账款的金额和期限，降低企业资金管理的难度。

4. 企业使用国内保理业务的卖方优势。

（1）将未到期的应收账款立即转换为销售收入，改善财务报表；

（2）对买方提供更有竞争力的远期付款条件，拓展市场，增加销售；

（3）买方的信用风险转由应收账款受让银行承担，收款有保障；

（4）资信调查、账务管理和账款追收等由应收账款受让银行负责，节约管理成本。

5. 企业使用国内保理业务的买方优势。

（1）利用优惠的远期付款条件，加速资金周转，创造更大效益；

（2）节省开立银行承兑汇票、信用证等的费用。

6. 适用对象。

国内保理业务主要适用于赊销结算方式的国内贸易。申请企业具有良好信用记录，且具备完善的应收账款管理体系，财务状况良好，所经营的产品质量稳定，标准化程度高，易于保管。

7. 申请条件。

（1）申请人应当是经工商行政管理机关核准登记的企业，具备独立法人资格；

（2）申请人资信良好，发展前景良好，产品销售渠道通畅；

（3）供应商与买方间有稳定的商品买卖关系；

（4）买方为信誉良好、具有履约实力的企业；

（5）商品交易或提供的服务合法、有效、真实，购销双方没有争议；

（6）应收账款权属清楚，没有争议，不受抵销权、质押权、留置权、抵押权及求偿权的影响；

（7）应收账款账龄结构合理，坏账比例适度，风险能有效预测和控制；

（8）购销合同中没有对应收账款禁止转让的条款；

（9）保理商要求的其他条件。

8. 申请资料。

（1）卖方企业须提供的资料。主要包括：《国内保理业务申请书》；公司的证明文件，公司简介，公司章程，验资报告，经过年审的营业执照，组织机构代码证，税务登记证等；法定代表人资格和身份证明，如果授权还需提供授权委托书及受权人身份证明；公司有权决策机构或有权决策人同意办理本业务的决议；公司生产经营情况介绍；近期财务报表；公司应收账款管理体系和应收账款明细情况。

（2）买方企业须提供资料。主要包括：公司证明文件，包括公司简介、公司章程、经过年审的营业执照等；公司近期财务报表。

（3）应收账款资料。主要包括：购销合同原件或经证实为原件的复印件；经买方确认的应收账款对账单副本，标明相关交易合同应收账款付款情况、付款期限及付款条件明细；货运证明或其他表明货物确已发运的单据；交易发票；提货单、质检证明、预付款（定金）证明。

（4）保理商要求的其他资料。

9. 申办程序。

（1）供应商向买方以赊销的方式销售货物或提供服务取得应收账款；

（2）供应商向保理商提出办理国内保理业务的申请并提供相关材料（包括买方资料）；

（3）保理商对供应商和买方进行审查，审查通过后，与供应商签订应收账款融资协议，进行债权转移确认；

（4）如供应商需要，保理商向其发放融资款项；

（5）应收账款到期日前保理商通知买方付款；

（6）买方将款项汇入保理商指定账户；

（7）保理商扣除融资本息和费用，余款支付卖方；如果是买断的，则结账即可。无追索权保理项下，保理商承担由于付款人信用风险不能足额支付到期应收账款的责任。

10. 收费标准。

应收账款融资除了按人民银行规定收取融资利息外，还收取办理业务的手续费，费率的高低取决于交易性质、金额、融资风险和服务内容等。具体各项收费均通过合同约定。

六、国内发票融资

国内发票融资是指境内销货方（借款人）在不让渡应收账款债权情况下，以其在国内商品交易中所产生的发票为凭证，并以发票所对应的应收账款为第一还款来源，由银行为其提供的短期贷款。办理国内发票融资必须以真实、合法的交易和债权债务关系为基础。

1. 适用对象。

原则上适用于采用赊销为付款方式的国内货物贸易或服务贸易。

2. 产品优势。

（1）帮助企业提前回笼资金，缓解资金压力，加快资金周转，扩大市场规模；

（2）客户准入门槛较低，基于具体的商品交易为其办理融资，手续简便。

3. 可办理国内发票融资的发票范围。

以下发票可向商业银行申请办理发票融资：因向企业法人销售商品而开具的增值税发票；因向学校、医院等事业法人销售商品而开具的发票；因地市级

（含）以上政府的采购部门统一组织的政府采购行为而出具的发票；银行认定的其他可以办理国内发票融资业务的发票。

4. 发票及其所对应的应收账款所需条件。

发票必须在银行承认的范围之内，同时，中小企业申请发票融资还要具备下列条件：

（1）发票真实、合法、有效，票面要素与商品交易内容一致，符合购销合同要求；

（2）发票所列商品为销货方的主营产品；

（3）应收账款还款期限一般不超过6个月，最长不超过9个月；

（4）应收账款权属清楚、没有瑕疵，销货方未将其转让给任何其他人，也未在其上为任何其他人设定任何质权和其他优先受偿权。

5. 不予办理国内发票融资业务的发票类型。

以下发票不符合中小企业向银行申请发票融资的要求：发票所对应的应收账款已到期；购销双方因提供服务或交易特许经营、专利、商标、知识产权等市场不易定价的商品而形成的发票；银行认定的其他不宜办理国内发票融资的发票。

6. 融资金额、期限和利率。

（1）融资金额。应综合考虑购销双方资信状况、应收账款质量、结构、期限、付款进度安排及前提条件、预期坏账比率、购销合同约定的义务履行情况、违约事项及违约金等因素合理确定。

（2）融资期限。应根据应收账款还款期限、合理在途时间等因素确定，融资到期日不得晚于购销双方约定的应收账款还款日后1个月。

（3）融资利率。应根据业务风险状况在人民银行规定的同期限档次的贷款基准利率基础上合理确定。

7. 融资限额。

应综合考虑购销双方资信状况、应收账款质量、结构、期限、付款进度安排及前提条件、预期坏账比率、购销合同约定的义务履行情况、违约事项及违约金等因素合理确定，一般不超过发票实有金额的80%；对购销双方资信良好、购销关系稳定、应收账款质量优良的，最高可放宽至100%。发票实有金额是指发票金额扣除销货方已回笼货款后的余额。

七、商品融资

商品融资是基于其委托第三方监管人对借款人合法拥有的储备物、存货或交易应收的商品进行监管，以商品价值作为首要还款保障而进行的结构性短期融资业务（不包括期交所标准仓单质押融资）。商品融资和其他贷款品种最大的区别在于担保方式和担保物的特殊性，它以动产作为质物提供质押担保，从这个意义上说，商品融资实际上就是商品质押融资。

商品融资业务按照融资对象划分，可分为卖方融资和买方融资；按照物权凭证的种类划分，可分为仓单质押融资、发票融资、国内保理、国内信用证项下的打包贷款等。

1. 产品功能。

（1）基于商品信用提供融资，突破依赖客户综合资信办理融资的瓶颈。

（2）商品范围广，种类多，适用群体广泛。

（3）所有权不转移，不影响企业正常经营。

（4）提供静态和动态两种办理模式，为企业备货或销售提供便利。

2. 办理条件。

对客户无信用等级限制，要求以商品为主要原材料或主营货物，对商品享有合法、完整的所有权，具有偿还本息的能力。商品要求是大宗商品原材料。

3. 担保要求。

以借款人所有的大宗商品进行质押担保。

4. 业务流程。

借款人申请办理商品融资——→商业银行进行调查并核押定值——→双方签订《商品融资合同》——→银行、借款人与物流监管企业签署《商品融资质押监管协议》——→银行通知物流企业办理质物入库手续——→物流企业向银行签发回执——→融资到期后，借款偿付相应本息，银行通知物流企业解除质押，借款人提货。

第四节 项目贷款

项目贷款是指商业银行发放的，用于借款人新建、扩建、改造、开发、购置固定资产投资项目的贷款。项目贷款一般适用于经工商行政管理机关（或主管机关）核准登记，实行独立核算的企业法人、事业法人和其他经济组织。

项目贷款期限灵活，一般是中长期贷款，也有用于满足项目临时周转使用的短期项目贷款；项目贷款组合多样，根据客户需求，可在项目贷款项下签发银行承兑汇票、开立非融资类保函、办理国内贸易融资和国际贸易融资等业务。

一、项目贷款的分类

项目贷款一般是中长期贷款，也有用于项目临时周转用途的短期贷款。目前，商业银行项目贷款按项目性质、用途、企业性质和产品开发生产不同阶段划分，主要有以下几种项目贷款。

(1) 基本建设贷款。指用于经国家有权部门批准的基础设施、市政工程、服务设施和以外延扩大再生产为主的新建或扩建生产性工程等基本建设而发放的贷款。

(2) 技术改造贷款。指用于现有企业以内涵扩大再生产为主的技术改造项目而发放的贷款。

(3) 科技开发贷款。指用于新技术和新产品的研制开发、科技成果向生产领域转化或应用而发放的贷款。

(4) 商业网点贷款。指商业、餐饮、服务企业，为扩大网点、改善服务设施、增加仓储面积等所需资金，在自筹建设资金不足时向银行申请的贷款。

(5) 并购贷款。它是针对境内优势客户在改制、改组过程中，有偿兼并、收购国内其他企事业法人、已建成项目及进行资产、债务重组中产生的融资需求而发放的贷款。并购贷款是一种特殊形式的项目贷款。

(6) 房地产贷款。包括法人房地产业务和个人住房消费贷款业务。其中法人房地产业务又包括商品房开发贷款、法人商业用房贷款、学生公寓建设贷款、建筑安装企业的设备投资贷款。

(7) 项目融资。指以项目的资产、预期收益或权益作抵押取得的一种无追索权或者有限追索权的债务融资。该业务用于基础设施项目以及其他投资规模大、具有长期稳定预期收入建设项目的融资。

二、项目贷款的主要特点

(1) 贷款支持的项目本身需要按照国家规定的审批程序进行审批。固定资产投资项目一般要经过立项、可行性研究、初步设计和开工等几次审批，才能进入施工建设。项目建成后，还要由政府有关部门组织竣工、决算、验收等工作。

(2) 项目贷款必须考虑其他建设资金的配套。国家规定建设项目必须具有资本金，即投资人的非债务资金。不同行业的项目所要求的资本金占总投资的比例不同，银行贷款不能作为项目资本金。大部分商业银行通常掌握的标准是项目资本金在30%以上。

(3) 项目贷款期限较长，往往是一次审批，多次发放，贷款利率一年一定。项目贷款以整个项目全部资金需求为评审对象，一次审批、承诺，而放款阶段是根据工程进度和年度贷款计划，逐年、逐笔发放。项目贷款合同期限是指对项目发放第一笔贷款起至最后一笔贷款还清为止的期限。合同利率为贷款第一年利率，以后每年要根据人民银行的利率变动进行调整。

（4）项目贷款是一次性的。一笔项目贷款只能用于借款人的一次固定资产投资活动。从项目建设时投入，项目竣工投产产生效益开始归还借款，到银行逐步收回全部贷款本息，贷款即退出企业生产活动。新的固定资产投资活动需要按规定重新立项报批。

（5）项目贷款的还款来源主要是借款人的税后利润、固定资产折旧，以及其他自有资金。

三、申办项目贷款应具备的条件

中小企业申办项目贷款通常要具备以下条件：

（1）在商业银行开立基本存款账户或一般存款账户；

（2）项目符合国家法律法规、产业政策和商业银行信贷政策；

（3）项目具有国家规定比例的资本金；

（4）需要政府有关部门审批的项目，须持有批准文件；

（5）借款人信用状况良好，偿债能力强，管理制度完善，对外权益性投资比例符合国家有关规定；

（6）能够提供合法有效的担保；

（7）商业银行要求的其他条件。

四、项目贷款办理流程

中小企业办理项目贷款的流程比较简单，大致包括下面三个步骤：

（1）中小企业客户向商业银行提出书面的贷款申请，并提供相关书面证明材料；

（2）商业银行受理客户贷款申请后，履行调查、评估、审查和审批程序；

（3）贷款申请审批通过后，中小企业与商业银行双方签订借款合同。

第五节　专业融资

商业银行专业融资主要包括飞机融资、船舶及海洋工程融资、租赁融资、出口信贷及境外项目融资、商品融资等融资业务，从中小企业适用的角度出发，本节主要介绍后三类业务。

一、租赁融资

租凭融资就是设备租赁融资，即A买了设备给B使用，B向A支付租金，租赁期满，A把设备低价卖给B或送给B。这里的A可以是金融机构，也可以是普通企业，前者为金融租赁，后者则是一般租赁，目前国内有实力的租赁公司大都是金融租赁公司。这里B是用款企业，根据其用款形式，租赁融资包括以下几类主要业务形式。

（1）应收租赁款保理融资。指出租人将融资租赁合同项下未到期应收租赁款债权转让给商业银行，由商业银行作为租赁款债权受让人收取租金，并向出租人提供融资。根据商业银行是否保留对出租人的追索权，该融资分为有追索权保理（回购型）和无追索权保理（买断型）。根据应收租赁款债权转让是否通知承租人，该融资分为公开型保理（明保理）和隐蔽型保理（暗保理）。

（2）工程机械租赁款保理融资。是针对优质工程机械制造企业（厂商）的融资租赁销售模式，在厂商承诺回购或承担连带责任保证的前提下，商业银行为租赁公司办理的工程机械租赁款保理融资。

（3）流动资金贷款。即对优质租赁公司提供流动资金贷款，用于租赁公司开展租赁业务。

（4）租前融资。指租赁双方签署租赁合同后，出租人以租赁合同项下的预期应收租金作为质押，商业银行为满足出租人在起租前采购租赁物、运输货物等资金需求而向其提供的短期融资。

（5）租赁款池融资。指出租人将其在一定时期内向一个或多个承租人提供租赁服务所产生的多笔应收租赁款质押给商业银行，以上述应收租赁款为基础建立应收租赁款池，在池融资最高限额和期限内出租人可提供符合商业银行要求的新增应收融资租赁款入池，并办理多次提款和还款。

（6）租赁款逆回购。指商业银行在受让应收租赁款债权的前提下，为金融类租赁公司办理的资金类融出业务，到期后金融租赁公司将无条件回购所转让权益。

（7）租赁资产及应收租金支持的信托理财服务。指为租赁公司提供以租赁资产及应收租金为支持的信托理财服务。

（8）为中资企业“走出去”提供并购融资、项目融资等综合化解决方案。

二、出口信贷及境外项目融资

中小企业涉及商业银行的境外融资主要是出口信贷业务和境外项目融资。出口信贷包括出口买方信贷和出口卖方信贷。境外项目融资主要包括境外应收账款融资、国际商业贷款、境外工程承包专项贷款、境外投资股本金贷款等。

（一）出口买方信贷

出口买方信贷指商业银行在中国出口信用保险公司提供信用保险的前提下，向国外借款人提供的中长期外汇贷款，用于向中国企业支付货款或技术、劳务费用、工程承包款项。金额一般不超过出口商务合同或承包合同金额的85%。对于出口商来说相当于现汇项目，不增加出口商汇率风险和负债率。

1. 适用对象和范围。

出口商/承包商具有中国政府认定的实施出口/工程承包的资格，具备履行商务合同的能力；出口的货物和服务符合出口买方信贷的支持范围，金额在500万美元以上；出口货物中来源于中国的比例符合规定。

2. 业务流程。

（1）企业直接或通过商业银行向中国出口信用保险公司提交保险申请，并获得中国出口信用保险公司的保险意向函和商业银行的融资意向函。

（2）企业按照中国出口信用保险公司和银行的要求签订商务合同或工程承包合同。借款人向商业银行提交委托商业银行为贷款行的委托函，并提交有关项目情况的报告，商业银行进行项目审查。

（3）将签署的商务合同提交中国出口信用保险公司和商业银行审查。商务合同获得审查通过后，商业银行与国外进口商/银行/政府签订出口买方信贷协议，然后与中国出口信用保险公司签订保险协议。

（4）落实贷款协议提款前提，使贷款协议生效。

（5）提交提款文件，银行将提款资金汇入出口商/承包商账户。

（二）出口卖方信贷

出口商与境外进口商/业主签署延期付款的商务合同，商业银行可以在中国出口信用保险公司提供保险的情况下，向出口商/承包商提供中长期出口卖方信贷，用于解决执行项目所需资金。金额一般不超过出口商务合同或承包合同金额的85%。在符合条件的情况下，商业银行可在出口卖方信贷项下提供应收账款融资业务，降低出口商境外收汇风险。根据财政部与商务部联合下发的财企〔2006〕第5号文件，满足条件的卖方贷项目还可享受国家贴息。

1. 适用对象和范围。

出口商/承包商具备出口/对外工程承包的合法资格；出口成套设备、船舶等及其他机电产品合同金额在500万美元以上，并采用一年以上延期付款方式；出口货物中来源于中国的比例符合要求。

2. 业务流程。

（1）客户向中国出口信用保险公司提交保险申请，并获得中国出口信用保险公司的支持意向函和商业银行的融资意向函。

（2）客户按照中国出口信用保险公司和商业银行的要求签订商务合同或工程承包合同。中标后提交委托商业银行为贷款行的委托函，并提交有关项目情况的报告，商业银行进行项目审查。

（3）商务合同获得保险公司批准和商业银行审查通过后，进口方担保人出具延付保证，商业银行与出口商签订出口卖方信贷协议，同时与出口商签订保险赔款转让协议，并得到中国出口信用保险公司的书面同意。

（三）境外应收账款融资

境外应收账款融资特指中国出口信用保险公司保险项下境外应收账款买断。在中国出口信用保险公司提供保险并符合其他条件的情况下，商业银行对出口商由于履行商务合同形成的境外应收合同款或工程款进行一次或分期买断，从而降低出口商的汇率风险。境外应收账款融资按出口商责任可分为有追索权应收账款融资、无追索权应收账款融资和部分追索权应收账款融资；按融资关系可分为回购型应收账款融资和非回购型应收账款融资。

适用对象和范围：项目已经建成投产或出口商在贸易合同项下的义务已执行完毕；中国出口信用保险公司对延付款提供出口信用保险；应收款余额在500万美元以上，进口商资信状况良好；出口商具有较强的履约能力。

（四）国际商业贷款

国际商业贷款是指在没有出口信用保险支持的情况下，商业银行为境外企业、银行或政府提供的中长期融资，用于支付中国企业的机电产品货款或工程款回款。一般与出口买方信贷结合使用，用于支付商务合同的预付款、建设期利息、保费，从而可以提供商务合同金额100%的融资。在出口买方信贷无法完全使用的情况下，可作为补充。

适用范围：借款人所在国通常为国别风险较小、政治经济环境相对稳定的新兴发展中国家；借款人或者担保人信用风险较小。

（五）境外工程承包专项贷款

境外工程承包专项贷款指专为国内大型承包商在境外进行工程承包提供的以承包商为借款人的特定项目用途的流动资金贷款。

适用对象和范围：用于承包商在特定工程项目下需要垫付的资金，工程建设完成后立即收回；境内承包企业具有政府认定的实施出口项目的资格和相关工程建设资质，具备境外履行项目的经验和能力；境外项目业主具有很强的支付能力。

（六）境外投资股本金贷款

境外投资股本金贷款特指商业银行为我国企业在境外进行股权投资而提供的股本金融资。

1. 业务特点。

（1）由境内母公司直接贷款，与项目融资方式比较，耗时短，运作快；

（2）在境外项目融资无法使用的情况下，可作为境外项目融资的补充。

2. 适用对象和范围。

（1）境内客户实力雄厚，并且具有丰富的境外投资和项目运作经验。

（2）境外投资符合我国“走出去”政策支持范围，并经外管局等相关部门许可。

（3）境外投资项目为油气、矿产、电力、交通、通信等行业。

（七）境外项目融资

商业银行在有限追索或无追索权基础上就境外资源投资项目提供的信贷支持，以项目本身的资源开发收益作为信用基础，结合保险、第三方担保等工具和信用增级措施。有限追索的境外项目融资，可以降低投资者风险。

适用对象和范围：石油、天然气、有色金属（如铜、铝、镍、锌、金等）、铁矿、煤矿、电力、交通等行业，投资金额大，投资回收周期长，国内企业作为承包商或项目股东。

三、商品融资

商品融资是一种借款人以其合法拥有的储备物、存货或交易应收的商品进行质押，由银行提供的结构性短期融资业务。商品融资业务基于商品信用提供融资，突破了依赖客户综合资信办理融资的瓶颈。由于商品范围广、种类多，故适用群体广泛。而且所有权不转移，不影响企业正常经营。商业银行提供静态和动态两种办理模式，为企业备货或销售提供便利。

1. 办理条件。

（1）商品要求：必须是大宗商品原材料。

（2）客户要求：一是无信用等级限制；二是以商品为主要原材料或主营货物；三是对商品享有合法、完整的所有权；四是具有偿还本息的能力。

2. 申请条件。

（1）依法核准登记，具有经年检的法人营业执照或其他足以证明其经营合法性和经营范围的有效证明文件；

（2）拥有开户许可证，并在商业银行开立结算账户；

（3）拥有商品的合法权属证明。

3. 担保要求。

以借款人所有的大宗商品进行质押担保。

4. 业务流程。

中小企业申请办理商品融资大致遵循以下业务流程：借款人提出商品融资申请——→商业银行进行调查并核押定值——→双方签订《商品融资合同》——→银行、借款人与物流监管企业签署《商品融资质押监管协议》——→银行通知物流企业办理质物入库手续——→物流企业向银行签发回执——→融资到期后，借款偿付相应本息，银行通知物流企业解除质押，借款人提货。

第六节　票据融资

票据融资又称融资性票据，是指票据持有人通过非贸易的方式取得商业汇票，并以该票据向银行申请贴现套取资金，实现融资目的。

在我国，商业票据主要是指银行承兑汇票和商业承兑汇票。以商业票据进行支付是商业中很普遍的现象，但如果企业需要灵活的资金周转，往往需要通过票据贴现的形式使手中的“死钱”变成“活钱”。票据贴现可以看作是银行以购买未到期银行承兑汇票的方式向企业发放贷款。贴现者可预先得到银行垫付的融资款项，以加速企业资金周转，提高资金利用效率。

票据融资具有以下优点：

（1）银行不按照企业的资产规模来放款，而是依据市场情况（销售合同）来贷款。企业收到票据至票据到期兑现之日，往往是少则几十天，多则300天，资金在这段时间处于闲置状态。企业如果能充分利用票据贴现融资，远比申请贷款手续简便，而且融资成本很低。票据贴现只需带上相应的票据到银行办理有关手续即可，一般在3个营业日内就能办妥，对于企业来说，这是“用明天的钱赚后天的钱”，这种融资方式值得中小企业广泛、积极地利用。对中国众多中小企业来说，在普通贷款中，往往因为资本金规模不够或无法找到合适的担保人而贷不到钱，而票据贴现无需担保、不受资产规模限制，对中小企业更为适用。

（2）利率低。票据贴现能为票据持有人快速变现手中未到期的商业票据，手续方便，融资成本低，是深受广大中小企业欢迎的一项银行业务。票据贴现利率一般在人民银行规定的范围内，由中小企业和贴现银行协商确定。实践中，企业票据贴现的利率通常大大低于银行商业贷款利率，融资成本下降了，企业利用贷款获得的利润自然就高了。

一、票据贴现融资的种类及其特点

1. 银行承兑汇票贴现。

银行承兑汇票贴现是指当中小企业有资金需求时，持银行承兑汇票到银行按一定贴现率申请提前兑现，以获取资金的一种融资业务。在银行承兑汇票到期时，银行则向承兑人提示付款，当承兑人未予偿付时，银行对贴现申请人保留追索权。

银行承兑汇票贴现是以承兑银行的信用为基础的融资，是客户较为容易取得的融资方式，操作上也较一般融资业务灵活、简便。银行承兑汇票贴现中贴现利率市场化程度高，资金成本较低，有助于中小企业降低财务费用。

2. 商业承兑汇票贴现。

商业承兑汇票贴现是指当中小企业有资金需求时，持商业承兑汇票到银行按一定贴现率申请提前兑现，以获取资金的一种融资业务。在商业承兑汇票到期时，银行则向承兑人提示付款，当承兑人未予偿付时，银行对贴现申请人保留追索权。

商业承兑汇票贴现是以企业信用为基础的融资，如果承兑企业的资信非常好，相对容易取得贴现融资。对中小企业来说，以票据贴现方式融资，手续简单，融资成本较低。

3. 协议付息票据贴现。

协议付息商业汇票贴现是指卖方企业在销售商品后持买方企业交付的商业汇票（银行承兑汇票或商业承兑汇票）到银行申请办理贴现，由买卖双方按照贴现付息协议约定的比例向银行支付贴现利息后银行为卖方提供的票据融资业务。

该类票据贴现除贴现时利息按照买卖双方贴现付息协议约定的比例向银行支付外，与一般票据贴现业务处理完全一样。

与一般票据现不同的是，票据贴现利息一般由贴现申请人（贸易的卖方）完全承担，而协议付息票据在贴现利息的承担上有相当的灵活性，既可以是卖方又可以是买方，也可以双方共同承担。与一般的票据相比，协议付息票据中贸易双方可以根据谈判力量以及各自的财务情况决定贴现利息的承担主体及分担比例，从而达成双方最为满意的销售条款。

二、票据贴现的申办条件和申请资料

（1）中小企业申请票据贴现需要具备以下申办条件：

➢ 按照《中华人民共和国票据法》规定签发的有效汇票，基本要素齐全；

➢ 单张汇票金额不超过1 000万元；

➢ 汇票的签发和取得必须遵循诚实守信的原则，并以真实合法的交易 关系和债务关系为基础；

➢ 承兑行具有银行认可的承兑人资格；

➢ 承兑人及贴现申请人资信良好；

➢ 汇票是以合法的商品交易为基础；

➢ 汇票的出票、背书、承兑、保证等符合我国法律法规的规定。

（2）贴现申请人要提供以下申请资料：

➢ 贴现申请书；

➢ 未到期的承兑汇票，贴现申请人的企业法人资格证明文件及有关法律文件；

➢ 经年审合格的企业（法人）营业执照（复印件）；

➢ 企业法人代表证明书或授权委托书，董事会决议及公司章程；

➢ 贴现申请人与出票人之间的商品交易合同及合同项下的增值税专用发票复印件；

➢ 贴现申请人的近期财务报表。

三、票据贴现申请手续

中小企业在申请票据贴现时，手续比较简便，主要手续和步骤如下：

（1）贴现申请人持未到期的银行承兑汇票或商业承兑汇票到银行分支机构，填制《银行承兑汇票贴现申请书》或《商业承兑汇票贴现申请书》。

（2）银行按照规定的程序确认拟贴现汇票和贸易背景的真实性、合法性。

（3）按银行的要求提供有关材料。

（4）计算票据贴现的利息和金额。

贴现利息 = 汇票面值 × 实际贴现天数 × 月贴现利率 ÷ 30

实付贴现金额 = 汇票面额 − 贴现利息

（5）按照实付贴现金额发放贴现贷款。

第四章 信托融资

信托是信任委托的意思，主要是指受他人委托，代为管理、经营和处理某项经济事务的行为。信托融资是兼具间接融资和直接融资特点的一种融资形式，是通过信托公司等金融机构的媒介，由信托公司向最后贷款人进行放款的专业性融资活动。

第一节　信托融资概述

企业要以信托方式融资，必须借助信托公司等金融中介的力量。信托融资的基本操作是项目发起人因资金短缺，依托信托机构搭建融资平台，即信托机构根据具体项目设立信托计划（也叫信托产品）向社会筹集资金，筹集到的资金通过信托机构投入到项目中去。从融资的角度来看，购买信托计划者就是项目投资人，信托机构是投资者的代理人，充当的只是融资的工具。同时，在这个融资过程里面也形成了信托行为，信托计划购买者实际就是信托关系里的委托人，信托机构则是信托关系里的受托人，信托机构通过发售信托计划汇集的资金就是信托财产，通过信托财产投资项目获取收益就是信托目的。这种基于信托业务的融资方式就是信托融资。

信托融资其实是间接融资形式的直接化，也可以认为是直接融资。信托融资是通过专业理财机构作为信用中介进行的，资金供需双方借助这个信用中介提供的信托机制进行资金余缺调剂。这种融通资金形式上有间接性的一面，但是，作为信用中介的受托人在整个信托过程中仅仅处于金融服务层面上，提供的是金融手段，并非真正的融资主体，融资过程中的任何风险和收益仍归属于资金供给方，即投资者，可见信托融资的这种转化突破了传统的银行存贷融资局限，创新了一种有别于股票、债券的新型的直接融资模式。

与其他融资方式相比，信托融资具有以下五大优势：

（1）融资速度较快。信托融资的操作相对简单，期限设计和资金运用方式灵活，从设计到审批（或备案）以及发行所需的时间较少，可快速筹集资金。同时，信托资金的进入壁垒较低。资金信托计划的设立很容易，只要是经批准设立的信托公司均可以开展资金信托业务，信托公司设立资金信托计划无须审批，只须报主管部门备案。这些都有利于高效快捷地完成投融资运作，缩短项目周期。

（2）融资者负担小。信托融资对融资者没有限制，只要信托公司愿意投资给融资者即可。

（3）融资成本较低。融资成本指融资者为筹措的资金而付出的融资过程中的组织管理费用、融资后的资金占用费用以及融资时支付的其他费用。信托公司要求的融资成本根据具体情况而有所不同。总的来说，一般信托融资成本与银行融资成本一致或略高，但比债券融资成本和股票融资成本低。

（4）风险小，投资回报率高。相对于股票、债券、房地产投资回报，信托投资回报要稳定得多。在目前的投资收益梯度系列中，一年期投资收益（考虑短期贴现因素）从低到高的大致品种排序是银行存款、国债、企业债券。而投资基金和股票则为不确定收益。城市基建项目集合资金信托产品收益相对较高，而且比较稳定，风险相对较小，是比较理想的投资品种。

（5）投资领域多元化。从目前监管部门制定的各项监管法规规定综合考察，信托公司是当前唯一准许同时在资本市场、货币市场和实业领域投资的金融机构，正是因为这种优势，从而有利于信托公司资源整合，发挥其他金融机构所不能发挥的重要作用。

第二节　信托融资的渠道和模式

信托公司等信托机构开展信托融资业务要受相关法律法规的约束，中小企业进行信托融资也需要在现行渠道下依托已有的业务模式进行。

一、信托融资的渠道

企业信托融资目前有两种渠道可以选择：一是直接找信托公司洽谈；二是委托相关银行代为寻找信托公司。

1. 科学设计一个“资产包”或者“项目包”。

即通过信托融资筹集的资金将用来干什么。“资产包”的设计非常重要，一是将直接关系信托融资的成败；二是“资产包”质量的好坏不但是信托公司、银行考察的重点，同时也是信托产品投资者是否决定购买的重点；三是“资产包”的好坏将直接关系到信托融资成本的高低。在“资产包”的设计上，一般的企业都没有经验，我们的建议是：企业可委托合作银行帮忙设计，请合作银行先按其风险管理程序预评估一遍，然后再与信托机构接触，如此，成功的可能性将大大提高。

2. 选择一个比较有实力的合作银行。

信托融资，即“受人之托，代客理财”，信托公司往往将信托产品的风险控制放在第一位加以考虑。也就是说，信托公司通常会要求企业开立专门的信托融资账户，专款专用，对信托资金实行封闭运行。因此，选择一个好的专款账户银行很重要：一是好的专款账户银行能够帮助企业就信托融资计划出谋划策；二是这家银行与合作的信托公司通常有着良好的合作关系，有利于信托融资的顺利实施。

3. 具体问题的确定。

信托产品的规模、预计年回报率、期限、管理费、利得财富、手续费等具体问题的确定需要企业与信托公司、银行进行洽商而定。对于这一点，我们的建议是：企业应请信托公司、合作银行提供一些相关的、已经发行的信托产品加以借鉴。

二、信托融资的类型

一般说来，信托公司为企业融资主要采取信托贷款、股权信托（增资、收购、新设等）、租赁信托（融资租赁与经营租赁）三种方式，信托融资主要也分为这三种类型。还有一种是根据信托资金投入的行业对象的不同进行分类，可以分为中小企业信托融资、房地产信托融资、基础设施类信托融资等。

不同行业的信托融资可以进一步细分。例如，房地产信托根据五种典型运作模式可以细分为信托贷款模式（包括直接信托贷款融资模式、间接信托贷款模式）、股权融资模式（包括普通股方式、优先股方式、阶段性股权融资方式）、混合融资模式、类 REIT 融资模式及财产信托融资模式。基础设施项目信托融资一般有四种模式，分别为贷款信托、股权投资信托、收费收益权信托、融资租赁信托。

中小企业信托一般分为普通信托产品融资、天使投资信托产品融资、以未来收益权为保障的信托产品融资、组建中小企业联盟发行捆绑式信托产品融资等模式。

三、信托融资的主要特点

信托融资作为一种兼具间接融资和直接融资优势的专门性融资方式，其特点主要体现在以下三个方面：

1. 融资速度快。

目前信托产品筹资周期较短，与银行和证券的评估、审核等流程所花时间成本相比，信托融资时间由委托人和受托人自主商定即可，发行速度相对较快，短的不到三个月就可以完成融资。

2. 融资可控性强。

我国法律要求设立信托时，信托财产必须与受托人和委托人的自有资产相分离。这使得信托资产与融资企业的整体信用以及破产风险分离，具有局部信用保证和风险控制机制。而银行信贷和证券发行都直接影响企业的资产负债状况，其信用风险主要通过企业内部财务管理来防范控制，可控性相对较弱。

3. 融资规模符合中小企业需求。

目前信托融资的总体规模不大，但对单一信托而言则可大可小，因企而异，这一特点与中小企业的融资需求比较吻合。中小企业由于经营范围和规模较小，对融通资金的需求量和资金使用时间也不尽相同，因此通过信托渠道融通资金可以较好地满足中小企业的融资需求，而且信托融资的整体成本对于中小企业来讲也处于可以接受的范围。

四、可借鉴的中小企业信托融资方案

1. 信托贷款。

信托贷款融资业务与银行普通贷款业务一样，也需要进行抵押或信用担保，不同的是信托贷款融资采用信托的方式募集资金。信托融资的操作方式如下：由需要贷款的中小企业向信托公司提出融资申请；信托公司根据融资方（资金需求方）的资金需求，向社会投资人推出集合资金信托计划募集资金；信托公司再将募集到的资金以高于银行利率贷给融资需求方，然后由资金需求方将贷款资金投入到相关项目。中小企业信托贷款融资还可以实行打包式信托融资，如北京市政府在实践中就采取组建中小企业打包式信托产品融资方式为企业进行信托贷款。具体操作方法是：挑选几家贷款期限相近的贷款企业，确定每家企业的贷款金额和期限，构造贷款组合池，一起发行信托产品。

2. 融资租赁信托。

融资租赁是出租人根据承租人对出卖人、租赁物的选择，向出卖人购买租赁物，提供给承租人使用，承租人按期支付租金。承租到期后，承租人可以选择购买租赁物为自己所有或者退回租赁物与出租人。

对以建设施工与机械设备出租为业的部分中小企业来说，利用融资租赁信托方式解决发展中的资金困难也许是一个不错的选择。融资租赁是一种以融资为直接目的的信用方式，它表面上是借物，而实质上是借资，并以租金的方式分期偿还。中小企业开展融资租赁信托业务的基本流程构架如下：融资租赁的主要角色有出租人、承租人、贷款人和机械设备供货商。信托公司通过向社会投资者发行融资租赁集合资金信托产品以筹集资金，然后把筹集到的资金以贷款或者股权投资等形式投入到需要机械设备的中小企业中，用于购买中小企业需要的机器设备等动产；购买设备的企业以使用该类设备产生的收益（现金流）用于支付投资人的本金及红利（利息）。这种融资方式在具体操作中又可以分为两种情况：一种情况是信托公司募集资金，自行购买设备，将设备出租给有相应设备需要的企业，未来的收益权取决于中小企业使用该出租设备的租金收入和一定的风险控制费及中间费用等；另一种情况是将信托资金投资于经营融资租赁业务的公司（以债权或者股权的方式均可，区别仅在于收益产生的方式不同），由租赁公司将设备出租给有相应设备需要的企业，信托收益来自于租赁公司的租赁经营收益。这样，租赁公司拥有的设备和租金的收益权可以作为抵押，一定程度上减少信托公司的风险。

3. 票据贴现信托。

票据贴现信托是指信托机构受托对持票人的票据到期前，以收取一定的贴现利息和转让票据为条件，向持票人融通资金的行为。作为一种授信方式，持票人将未到期票据债权转让给信托机构，信托机构用委托人的资金融通给申请贴现人，票据到期，信托机构再凭票向最初发票人或背书人索回现款，在扣除委托人应交付的手续费外，全部交付于委托人。票据贴现业务在紧缩的市场环境下，不仅给企业和银行带来了融资便利，同时大幅提高了银行中间业务收入。

票据贴现信托融资的具体操作方式如下：信托公司根据融资需求方（票据持票人）所持的票据金额，向社会投资人发行集合资金信托计划；信托公司将募集到的资金投入到融资需求方（票据持票人），融资需求方将从信托公司融入的资金投入到所急需资金的项目；票据到期，信托机构再凭票向最初发票人或背书人索回现款，在扣除委托人应交付的手续费外，全部交付于集合资金信托计划的投资人。

票据贴现信托融资只适合企业手中刚好有大额贴现票据，且又急需大额资金从事生产经营的情况。目前票据贴现的最长期限为6个月。

4. 股权信托。

前述三种信托融资方式对于信托公司来说都是以一种债权式投资方式投向于所需资金的融资方，下面介绍一种信托公司以股权式投资方式将募集资金投向所需资金的融资方的方法——股权式信托融资。

股权信托模式是指信托公司通过设立并发行股权投资信托计划的方式向合格的社会投资人募集资金，信托公司再将募集到的信托资金以购买被投资企业股权的方式投资于所需资金的该融资企业，该融资企业再将所融到的资金投入保证能够产生相应利润的项目中去，在信托公司到期退出原先所购买股权时，该融资企业应用信托资金投资项目产生的利润及其他资金回购原来出让的股权，或者信托公司将原先所购买股权转让给愿意购买融资企业股权的第三方，从而实现退出计划，信托计划结束。

第五章
资本市场融资

广义的资本市场概指中长期资金市场，包括证券融资和证券交易场所，以及经营一年以上资金借贷的相关证券交易场所。狭义的资本市场概指前者，非经特别说明，本章资本市场主要指证券融资和证券交易场所。

第一节 资本市场概述

资本市场是一种市场形式，而不是指一个物理地点，概指所有在这个市场上交易的人、机构以及他们之间的关系。投资人通过资本市场将其资本投资给受资人，投资人获得合同证明的、在未来获得资本及其收益的权利。双方还协议确定应付给投资人的利息，利息通常按年支付，利率的高低主要由受资人的支付能力以及资本市场上的利率水平来决定。

在资本市场上，受资人是资本的需求人和未来支付权的提供者，通常称作资金需求方，主要包括企业、社会团体、政府机构等；资金供应者主要是商业银行、保险公司、信托公司及各种基金和个人投资者。资本市场的交易对象主要是中长期信用工具，如股票、债券，等等。

按金融工具的基本性质分类，资本市场可区分为股权市场及债券市场，前者通称为股票市场，后者通称为债券市场。股票市场上主要流通的凭证是公司股票，持有股票的股东，除非是公司结束营业，其股权收益只有每年的股息收入，对公司资产不能有立即请求权。债权市场内流通的各种债务工具包括各种债券、商业本票、存单及贷款等，其基本特点是：有一定期限，有较确定的收益率，具有全额请求权。

资本市场是金融市场的一个组成部分，它通常包括所有关系到提供和需求长期资本的机构和交易。长期资本既包括公司的部分所有权如股票、长期公债、长期公司债券、一年以上的大额可转让存单、不动产抵押贷款和金融衍生工具等，也包括集体投资基金等长期的贷款形式，但不包括商品期货。

资本市场上的市场活动包括买卖股票和债券、股份有限公司提高其资本以及自然人贷款。资本市场上资本出让的合同期一般在一年以上，这是资本市场与短期货币市场和衍生市场的区别。

资本市场可以分为一级市场和二级市场。一级市场的基本功能是实现证券发行，包括 IPO 与再融资；二级市场的基本功能是围绕已经发行的证券进行转让交易。二级市场服务和服从于一级市场。

假如一个市场符合证券交易的要求，则这个市场是一个有组织的资本市场。一般来说，有组织的市场通过时间和地点的集中，可以提高市场流通性，降低交易成本，提高市场的效率。

与货币市场相比，资本市场具有如下特点：

（1）融资期限长。至少在1年以上，也可以长达几十年，甚至无到期日。

（2）流动性相对较差。在资本市场上筹集到的资金多用于解决企业中长期融资需求，故流动性和变现性相对较弱。

（3）风险大而收益较高。由于融资期限较长，发生重大变故的可能性也大，市场价格容易波动，投资者需承受较大风险；同时，作为对风险的报酬，其收益也相对较高。

第二节　中小板市场

中小板市场的全称是中小企业板资本市场，是相对于我国主板市场而言的，是专门服务于中小企业在证券市场发行上市和交易的专业资本市场。我国中小板市场可以说是介于主板市场和创业板市场的一种过渡性制度安排，市场代码以002开头，投资者比较容易识别。

2004年5月20日，深圳证券交易所公布了《中小企业板块交易特别规定》、《中小企业板块上市公司特别规定》和《中小企业板块证券上市协议》。2004年6月25日，中小板市场正式启动，成为我国资本市场的重要组成部分。

一、中小板市场简述

中小板与主板的区别除了交易制度的差异，更重要的是其总股本较小，统计显示，目前主板市场中约95%的上市公司的总股本超过4亿，中小板企业股本则很少超过4亿。对比主板市场的历史数据可知，小盘股的波动性和风险系数均高于指数，这意味着投资于中小企业板块必然会承担更大的波动性。

我国中小企业板块的总体设计可概括为“两不变”和“四独立”，即：在现行法律法规不变、发行上市标准不变的前提下，在深圳证券交易所主板市场中设立一个运行独立、监察独立、代码独立、指数独立的板块。针对中小企业板块的特点，在其设立初期主要在以下方面做出相应的制度安排：

（1）在发行制度上，中小企业板块的上市企业主要是流通股本规模相对较小的公司，相当于原来的主板小盘股，根据市场需求，确定适当的发行规模和发行方式。

（2）针对中小企业板块的风险特征，在交易和监察制度上做出有别于主板市场的特殊安排：一是改进开盘集合竞价制度和收盘价的确定方式，进一步提高市场透明度，遏制市场操纵行为；二是完善交易信息公开制度，引入涨跌幅、振幅及换手率的偏离值等监控指标，并将异常波动股票纳入信息披露范围，按主要成交席位分别披露买卖情况，提高信息披露的有效性；三是完善交易异常波动停牌制度，优化股票价量异常判定指标，及时揭示市场风险，减少信息披露滞后或提前泄漏的影响。

（3）在公司监管制度上，针对中小企业板块上市公司股本较小的共性特征，实行比主板市场更为严格的信息披露制度：一是建立募集资金使用定期审计制度；二是建立涉及公司发展战略、生产经营、新产品开发、经营业绩和财务状况等内容的年度报告说明会制度；三是建立定期报告披露上市公司股东持股分布制度；四是建立上市公司及中介机构的诚信管理系统；五是建立退市公司股票有序快捷地转移至股份代办转让系统交易的机制。

二、中小板上市条件和上市程序

中小企业申请在中小板市场上市融资，需要符合以下条件，并遵循相关程序。

1. 中小企业板上市的主要条件。

（1）基本条件。

中小企业板上市的基本条件与主板市场完全一致，中小企业板块是深交所主板市场的一个组成部分，按照“两个不变”和“四个独立”的要求，该板块在主板市场法律法规和发行上市标准的框架内实行相对独立管理。中小企业板块主要安排主板市场拟发行上市企业中具有较好成长性和较高科技含量的、流通股本规模相对较小的公司，持续经营时间应当在三年以上，有限责任公司按原账面净资产值折股整体变更为股份有限公司的，持续经营时间可以从有限责任公司成立之日起计算；发行人最近三年内主营业务和董事、高级管理人员没有发生重大变化，实际控制人没有发生变更。

（2）独立性条件。

发行人应当具有完整的业务体系和直接面对市场独立经营的能力，发行人的资产完整，人员独立，财务独立，机构独立，业务独立。发行人的业务应当独立于控股股东、实际控制人及其控制的其他企业，控股股东、实际控制人及其控制的其他企业间不得有同业竞争或者显失公平的关联交易。

（3）规范运行条件。

发行人已经依法建立健全股东大会、董事会、监事会、独立董事、董事会秘书制度，机关机构和人员能够依法履行职责。发行人的董事、监事和高级管理人员已经了解与股票发行上市有关的法律法规，知悉上市公司及其董事、监事和高级管理人员的法定义务和责任。发行人的董事、监事和高级管理人员符合法律、行政法规和规章的任职资格。

（4）财务会计条件。

发行人资产质量良好，资产负债结构合理，盈利能力较强，现金流量正常。具体各项财务指标应达到以下要求：

➢ 最近3个会计年度净利润均为正数且累计超过人民币3 000万元；

➢ 最近3个会计年度经营活动产生的现金流量净额累计超过人民币5 000万元，或者最近3个会计年度营业收入累计超过人民币3亿元；

➢ 发行前股本总额不少于人民币3 000万元；

➢ 最近一期期末无形资产（扣除土地使用权、水面养殖权和采矿权等后）占净资产的比例不高于20%；

➢ 最近一期末不存在未弥补亏损。

发行人依法纳税，各项税收优惠符合相关法律法规的规定，经营成果对税收优惠不存在严重依赖。

2. 中小企业板发行上市工作程序。

在中小企业板公开发行股票并上市，应该遵循以下程序：

（1）对企业改制并设立股份有限公司。拟定改制重组方案，聘请保荐机构（证券公司）和会计师事务所、资产评估机构、律师事务所等中介机构对改制重组方案进行可行性论证，对拟改制的资产进行审计、评估，签署发起人协议和起草公司章程等文件，设置公司内部组织机构，设立股份有限公司。除法律、行政法规另有规定外，对股份有限公司的设立目前取消了省级人民政府审批这一环节。

（2）对企业进行尽职调查与辅导。保荐机构和其他中介机构对公司进行尽职调查、问题诊断、专业培训和业务指导，学习上市公司必备知识，完善组织结构和内部管理，规范企业行为，明确业务发展目标和募集资金投向，对照发行上市条件对存在的问题进行整改，准备首次公开发行申请文件。目前已取消了为期一年的发行上市辅导的硬性规定。

（3）制作申请文件并申报。企业和所聘请的中介机构，按照证监会的要求制作申请文件，保荐机构进行内核并负责向中国证监会尽职推荐；符合申报条件的，中国证监会在5个工作日内受理申请文件。

（4）对申请文件进行审核。中国证监会正式受理申请文件后，对申请文件进行初审，同时征求发行人所在地省级人民政府和国家发展改革委意见，并向保荐机构反馈审核意见；保荐机构组织发行人和中介机构对反馈的审核意见进行回复或整改；初审结束后发行审核委员会审核前，进行申请文件预披露，最后提交发行审核委员会审核。

（5）路演、询价与定价。发行申请经发行审核委员会审核通过后，然后中国证监会进行核准，企业在指定报刊上刊登招股说明摘要及发行公告等信息，证券公司与发行人进行路演，向投资者推介和询价，并根据询价结果协商确定发行价格。

（6）发行与上市。根据中国证监会规定的发行方式公开发行股票，向证券交易所提交上市申请，在登记结算公司办理股份的托管与登记，然后挂牌上市，上市后由保荐机构按规定负责持续督导。

第三节 创业板市场

创业板又称二板市场，即第二股票交易市场。创业板是指专为暂时无法在主板上市的中小企业和高科技新兴公司提供融资途径和成长空间的证券交易市场，是对主板市场的重要补充，在资本市场有着重要的位置。

一、创业板简介

1. 创业板的设立目的。

我国设立创业板市场，主要基于以下目的：

（1）为高科技企业提供融资渠道。

（2）通过市场机制，有效评价创业资产价值，促进知识与资本的结合，推动知识经济的发展。

（3）为风险投资基金提供“出口”，分散风险投资的风险，促进高科技投资的良性循环，提高高科技投资资源的流动和使用效率。

（4）增加创新企业股份的流动性，便于企业实施股权激励计划等，鼓励员工参与企业价值创造。

（5）促进企业规范运作，建立现代企业制度。

2. 创业板的基本特点。

在创业板市场上市的公司大多从事高科技业务，具有较高的成长性，同时往往成立时间较短，规模较小，业绩也不突出，但有很大的成长空间。创业板市场最大的特点就是低门槛进入、严要求运作，有助于有潜力的中小企业获得融资机会，帮助和促进企业壮大。

在中国发展创业板市场是为了给中小企业提供更方便的融资渠道，为风险资本营造一个正常的退出机制；同时，也是我国调整产业结构、推进经济改革的重要手段。对投资者来说，创业板市场的风险要比主板市场高得多，当然，回报可能也会大得多。各国政府对二板市场的监管均更为严格，监管的核心是"信息披露"。除此之外，监管部门还通过保荐人制度来帮助投资者选择高素质企业。由于二板市场和主板市场的投资者及其风险承受能力不同，通常情况下，两个市场不会相互影响，而且由于它们内在的联系，反而会促进主板市场的进一步发展壮大。

3. 创业板基本法律规范。

创业板作为我国证券市场的重要组成部分，首先要执行基本的证券法律，即《证券法》和《公司法》；同时要受专门的创业板法规、规章和其他规范性文件约束，目前执行的是《首次公开发行股票并在创业板上市管理办法》（以下简称《管理办法》）（2014 年 5 月 14 日证监会令第 99 号公布）。《管理办法》分 6 章 57 条，分别规定了中小企业在创业板发行股票并上市的基本原则、基本发行条件、主要发行程序、发行信息特别是招股说明书信息披露要求，以及对创业板上市交易和退市的监督管理和法律责任，附则部分明确废止了 2009 年 5 月 1 日起施行的《首次公开发行股票并在创业板上市管理暂行办法》（证监会令第 61 号）和《关于进一步做好创业板推荐工作的指引》（证监会公告〔2010〕8 号）。

二、上市条件和上市程序

高新技术中小企业可申请在创业板上市融资，条件相对较宽松，程序也相对简便，这种制度安排有利于中小科技企业快速成长。

1. 创业板上市条件。

创业板作为多层次资本市场体系的重要组成部分，主要目的是促进自主创新企业及其他成长型创业企业的发展，是落实自主创新国家战略及支持处于成长期的创业企业的重要平台。具体讲，创业板公司应是具备一定的盈利基础，拥有一定的资产规模，且需存续一定期限，具有较高的成长性的企业。首次公开发行股票并在创业板上市主要应符合如下条件：

（1）发行人应当具备一定的盈利能力。为适应不同类型企业的融资需要，创业板对发行人设置了两项定量业绩指标，以便发行申请人选择：第一项指标要求发行人最近两年连续盈利，最近两年净利润累计不少于 1 000 万元，且持续增长；第二项指标要求发行人最近一年盈利，且净利润不少于 500 万元，最近一年营业收入不少于 5 000 万元，最近两年营业收入增长率均不低于 30%。

（2）发行人应当具有一定规模和存续时间。根据《证券法》第五十条关于申请股票上市的公司股本总额应不少于 3 000 万元的规定。《管理办法》要求发行人具备一定的资产规模，具体规定为：最近一期期末净资产不少于 2 000 万元，发行后股本不少于 3 000 万元。规定发行人具备一定的净资产和股本规模，有利于控制市场风险。此外，《管理办法》规定发行人应具有一定的持续经营记录，具体要求发行人应当是依法设立且持续经营三年以上的股份有限公司，有限责任公司按原账面净资产值折股整体变更为股份有限公司的，持续经营时间可以从有限责任公司成立之日起计算。

（3）发行人应当主营业务突出。创业企业规模小，且处于成长发展阶段，如果业务范围分散，缺乏核心业务，既不利于有效控制风险，也不利于形成核心竞争力。因此，《管理办法》要求发行人集中有限的资源主要经营一种业务，并强调要符合国家产业政策和环境保护政策。同时，要求募集资金只能用于发展主营业务。

（4）对发行人公司治理提出从严要求。根据创业板公司的特点，在公司治理方面参照主板上市公司从严要求，要求董事会下设审计委员会，强化独立董事职责，并明确控股股东责任。

2. 创业板上市流程。

（1）改制阶段。

企业改制、发行上市牵涉的问题较为广泛和复杂，一般是在企业聘请的专业机构协助下完成。企业首先要确定券商，在券商的协助下尽早选定其他中介机构。股票改制所涉及的主要中介机构有证券公司、会计师事务所、资产评估机构、土地评估机构、律师事务所。

（2）辅导阶段。

在取得营业执照之后，股份公司依法成立，按照中国证监会的有关规定，拟公开发行股票的股份有限公司在向中国证监会提出股票发行申请前，均须由具有主承销资格的证券公司进行辅导，辅导期限一年。

辅导内容主要包括以下方面：①股份有限公司设立及其历次演变的合法性、有效性；②股份有限公司人事、财务、资产及供、产、销系统独立完整性；③对公司董事、监事、高级管理人员及持有 5% 以上（含 5%）股份的股东（或其法人代表）进行《公司法》、《证券法》等有关法律法规的培训；④建立健全股东大会、董事会、监事会等组织机构，并实现规范运作；⑤依照股份公司会计制度建立健全公司财务会计制度；⑥建立健全公司决策制度和内部控制制度，实现有效运作；⑦建立健全符合上市公司要求的信息披露制度；⑧规范股份公司和控股股东及其他关联方的关系；⑨公司董事、监事、高级管理人员及持有 5% 以上（含 5%）股份的股东持股变动情况是否合规。

辅导协议应明确双方的责任和义务。辅导费用由辅导双方本着公开、合理的原则协商确定，并在辅导协议中列明，辅导双方均不得以保证公司股票发行上市为条件。辅导计划应包括辅导的目的、内容、方式、步骤、要求等内容，并切实可行。

辅导有效期为三年，即本次辅导期满后三年内，拟发行公司可以协商承销机构提出股票发行上市申请；超过三年，则须按规定的程序和要求重新聘请辅导机构进行辅导。

（3）申报材料制作及申报阶段。

股份公司成立运行一年后，经中国证监会地方派出机构验收符合条件的，可以制作正式申报材料。申报材料由主承销商与各中介机构分工制作，然后由主承销商汇总并出具推荐函，最后由主承销商完成内核后将申报材料报送中国证监会审核。会计师事务所的审计报告、评估机构的资产评估报告、律师出具的法律意见书将为招股说明书有关内容提供法律及专业依据。

中国证监会收到申请文件后5个工作日内做出是否受理的决定。未按规定要求制作申请文件的，不予受理。同意受理的，根据国家有关规定收取审核费3万元人民币。

中国证监会受理申请文件后，对发行人申请文件的合规性进行初审，在30日内将初审意见函告发行人及其主承销商。主承销商自收到初审意见之日起10个工作日内将补充完善的申请文件报至中国证监会。

中国证监会在初审过程中，将就发行人投资项目是否符合国家产业政策征求国家发展改革委等相关部门意见，相关部门自收到文件后15个工作日内，将有关意见函告中国证监会。中国证监会对按初审意见补充完善的申请文件进一步审核，并在受理申请文件后60日内，将初审报告和申请文件提交发行审核委员会审核。

依据发行审核委员会的审核意见，中国证监会对发行人的发行申请做出核准或不予核准的决定。予以核准的，出具核准公开发行的文件。不予核准的，出具书面意见，说明不予核准的理由。中国证监会自受理申请文件到做出决定的期限为3个月。

发行申请未被核准的企业，接到中国证监会书面决定之日起60日内，可提出复议申请。中国证监会收到复议申请后60日内，对复议申请做出决定。

（4）股票发行及上市阶段。

首先，股票发行申请经发行审核委员会核准后，要取得中国证监会同意发行的批文。其次，企业适时刊登招股说明书，通过媒体发布或巡回进行路演，按照发行方案发行股票。最后，要在规定的媒体刊登上市公告书，在交易所安排下完成挂牌上市交易。

第四节 新三板市场

一、新三板市场简介

新三板即全国中小企业股份转让系统（简称“全国股份转让系统”），是继上交所、深交所之后由国务院批准，证监会统一监管的第三家全国性的证券交易场所。新三板市场是在原中关村科技园区非上市股份有限公司股份系统平台试点运行的基础上，先扩大到天津滨海、武汉东湖以及上海张江等试点地的非上市股份有限公司，再扩展为全国性的非上市股份公司股权交易平台。此平台不同于原转让系统内的退市企业及原STAQ、NET系统挂牌公司，故形象地称为“新三板”。

2006年1月，根据国务院的决定，中关村科技园区非上市股份公司进入证券公司代办股份转让系统进行股份转让试点，新三板市场建设开始启动。2012年7月，国务院同意扩大非上市股份公司股份转让试点，在中关村园区基础上，新增上海张江、武汉东湖、天津滨海高新区进入试点范围；同意设立全国中小企业股份转让系统，组建新三板市场运营管理机构。2012年9月7日，扩大非上市股份公司股份转让试点合作备忘录签署暨首批企业挂牌仪式在北京举行，新三板市场开始走上快速发展的道路。截至2015年9月10日，新三板市场共有挂牌公司3 434家，其中做市转让789家，协议转让2 645家，总股本1 804.30亿股，流通股本668.07亿股。

新三板市场定位于非上市股份公司股票公开转让和发行融资的市场平台，为挂牌公司提供股票交易、发行融资、并购重组等相关服务，并为市场参与人提供信息、技术和培训服务。新三板市场与沪、深交易所市场在法律地位上基本相同，主要区别在于服务对象、交易制度和投资者适当性管理制度三方面。服务对象方面，新三板市场主要为创新型、创业型和成长型中小微企业提供资本市场服务，而沪、深交易所市场主要服务于成熟企业；交易制度方面，新三板市场设计了优化的协议转让、做市转让及竞价转让等灵活多样的方式，沪、深交易所市场主要提供竞价转让和大宗交易协议转让等标准化的方式；投资者准入方面，新三板市场实行比交易所市场更为严格的投资者适当性管理制度。

二、中小企业挂牌新三板市场的优势

新三板市场是服务中小企业融资的专业市场，中小企业挂牌新三板市场可以获得以下六大方面的优质服务和专业资源。

1. 规范治理。

规范的公司治理是中小企业获取金融服务的基础前提，也是实现可持续发展、确保基业长青的根本保障。新三板市拟上市中小企业在股份制改制、筹备上市过程中，主办券商、会计师事务所、律师事务所等专业中介机构会帮助公司建立起比较规范的现代企业法人治理结构，梳理规范业务流程和内部控制制度，大大提升企业经营决策的有效性和风险防控能力。新三板市场挂牌后，主办券商还将对公司进行持续督导，保障公司持续性规范治理。

2. 股票转让。

挂牌公司的股票可以在新三板市场公开转让，为公司股东、离职高管以及创投、风投和 PE 等机构提供退出渠道，有利于公司进行资本运作；同时，新三板市场也为看好公司发展的外部投资者提供进入的渠道，有助于公司进行融资和融智。

3. 价值发现。

挂牌后，二级市场将充分挖掘公司股权价值，有效提升公司股权的估值水平，充分体现公司的成长性。实践中，中小企业挂牌后，创投公司和 PE 对公司的估值水平较挂牌前有明显提升。

4. 直接融资。

新三板市场“小额、快速、按需”的融资模式符合中小企业需求特征。挂牌公司可以实施股票发行融资，随着市场功能的逐渐完善和相关细则的出台，未来挂牌公司还可通过公司债券、优先股等多种工具进行融资。

5. 信用增进。

新三板挂牌公司作为公众公司纳入证监会统一监管，履行了充分、及时、完整的信息披露义务，信用增进效应会十分明显。中小企业在获取直接融资的同时，也可以通过信用评级以及市场化定价进行股权抵押以获取商业银行贷款。新三板公司挂牌后，公司的新老客户会对公司的信赖度明显提升，公司在新市场开拓中对销售业绩的提升效应也比较明显。

6. 进入主板市场。

目前，我国排队等待上市审批的股份公司已超过 700 家，由于 IPO 实质上处于暂停状态，恢复后如何实行审批或实行备案制还有待研究。但无论实行何种制度安排，新三板市场公司相比其他公司在公司治理结构、经营管理等方面都更加规范，而且还可能实行分级管理制度，这将为新三板公司通过转板制度进入主板市场创造条件。也就是说，即使实行大排队的主板上市审批机制，新三板公司中的优秀者也有可能通过加分项目等特殊的制度安排早日进入主板市场，或者通过特殊的板块对接机制直接进入主板市场。

三、新三板市场挂牌条件

根据《全国中小企业股份转让系统业务规则（试行)》第2.1条规定，中小企业申请在新三板市场挂牌应当符合下面五项基本条件：

1. 依法设立且存续满两年。

有限责任公司按原账面净资产值折股整体变更为股份有限公司的，存续时间可以从有限责任公司成立之日起计算。

依法设立，是指公司依据《公司法》等法律、法规及规章的规定向公司登记机关申请登记，并已取得《企业法人营业执照》。公司设立的主体、程序合法合规，国有企业需提供相应的国有资产监督管理机构或国务院、地方政府授权的其他部门、机构关于国有股权设置的批复文件；外商投资企业须提供商务主管部门出具的设立批复文件；《公司法》修改（2006年1月1日）前设立的股份公司，须取得国务院授权部门或者省级人民政府的批准文件。

公司股东的出资合法、合规，出资方式及比例应符合《公司法》相关规定。以实物、知识产权、土地使用权等非货币财产出资的，应当评估作价，核实财产，明确权属，财产权转移手续办理完毕。以国有资产出资的，应遵守有关国有资产评估的规定。公司注册资本缴足，不存在出资不实情形。

存续两年，是指存续两个完整的会计年度。有限责任公司按原账面净资产值折股整体变更为股份有限公司的，存续时间可以从有限责任公司成立之日起计算。整体变更不应改变历史成本计价原则，不应根据资产评估结果进行账务调整，应以改制基准日经审计的净资产额为依据折合为股份有限公司股本。申报财务报表最近一期截止日不得早于改制基准日。

2. 业务明确，具有持续经营能力。

业务明确，是指公司能够明确、具体地阐述其经营的业务、产品或服务、用途及其商业模式等信息。公司可同时经营一种或多种业务，每种业务应具有相应的关键资源要素，该要素组成应具有投入、处理和产出能力，能够与商业合同、收入或成本费用等相匹配。公司业务如需主管部门审批，应取得相应的资质、许可或特许经营权等。公司业务须遵守法律、行政法规和规章的规定，符合国家产业政策以及环保、质量、安全等要求。

持续经营能力，是指公司基于报告期内的生产经营状况，在可预见的将来，有能力按照既定目标持续经营下去。公司业务在报告期内应有持续的营运记录，不应仅存在偶发性交易或事项。营运记录包括现金流量、营业收入、交易客户、研发费用支出等。公司应按照《企业会计准则》的规定编制并披露报告期内的财务报表，公司不存在《中国注册会计师审计准则第1324号——持续经营》中列举的影响其持续经营能力的相关事项，并由具有证券期货相关业务资格的会计师事务所出具标准无保留意见的审计报告。

财务报表被出具带强调事项段的无保留审计意见的，应全文披露审计报告正文以及董事会、监事会和注册会计师对强调事项的详细说明，并披露董事会和监事会对审计报告涉及事项的处理情况，说明该事项对公司的影响是否重大、影响是否已经消除、违反公允性的事项是否已予纠正。

公司不存在依据《公司法》第一百八十一条规定解散的情形，或法院依法受理重整、和解或者破产申请。

3. 公司治理机制健全，合法规范经营。

公司治理机制健全，是指公司按规定建立股东大会、董事会、监事会和高级管理层（以下简称“三会一层”）组成的公司治理架构，制定相应的公司治理制度，并能证明有效运行，保护股东权益。公司依法建立“三会一层”，并按照《公司法》、《非上市公众公司监督管理办法》及《非上市公众公司监管指引第3号——章程必备条款》等规定建立公司治理制度。公司“三会一层”应按照公司治理制度进行规范运作。在报告期内的有限公司阶段应遵守《公司法》的相关规定。公司董事会应对报告期内公司治理机制执行情况进行讨论、评估。

合法合规经营，是指公司及其控股股东、实际控制人、董事、监事、高级管理人员须依法开展经营活动，经营行为合法、合规，不存在重大违法违规行为。公司的重大违法违规行为是指公司最近24个月内因违犯国家法律、行政法规、规章的行为，受到刑事处罚或适用重大违法违规情形的行政处罚。行政处罚是指经济管理部门对涉及公司经营活动的违法违规行为给予的行政处罚。重大违法违规情形是指，凡被行政处罚的实施机关给予没收违法所得、没收非法财物以上行政处罚的行为，属于重大违法违规情形，但处罚机关依法认定不属于的除外；被行政处罚的实施机关给予罚款的行为，除主办券商和律师能依法合理说明或处罚机关认定该行为不属于重大违法违规行为的外，都视为重大违法违规情形。公司最近24个月内不存在涉嫌犯罪被司法机关立案侦查，尚未有明确结论意见的情形。

控股股东、实际控制人合法合规，最近24个月内不存在涉及以下情形的重大违法违规行为：控股股东、实际控制人受刑事处罚；受到与公司规范经营相关的行政处罚，且情节严重；情节严重的界定参照前述规定；涉嫌犯罪被司法机关立案侦查，尚未有明确结论意见。

现任董事、监事和高级管理人员应具备和遵守《公司法》规定的任职资格和义务，不应存在最近24个月内受到中国证监会行政处罚或者被采取证券市场禁入措施的情形。

公司报告期内不应存在股东包括控股股东、实际控制人及其关联方占用公司资金、资产或其他资源的情形。如有，应在申请挂牌前予以归还或规范。

公司应设有独立财务部门进行独立的财务会计核算，相关会计政策能如实反映企业财务状况、经营成果和现金流量。

4. 股权明晰，股票发行和转让行为合法合规。

股权明晰，是指公司的股权结构清晰，权属分明，真实确定，合法合规，股东特别是控股股东、实际控制人及其关联股东或实际支配的股东持有公司的股份不存在权属争议或潜在纠纷。公司的股东不存在国家法律、法规、规章及规范性文件规定不适宜担任股东的情形；申请挂牌前存在国有股权转让的情形，应遵守国资管理规定；申请挂牌前外商投资企业的股权转让应遵守商务部门的规定。

股票发行和转让合法合规，是指公司的股票发行和转让依法履行必要内部决议、外部审批（如有）程序，股票转让须符合限售的规定。公司股票发行和转让行为合法合规，不存在下列情形：（1）最近36个月内未经法定机关核准，擅自公开或者变相公开发行过证券；（2）违法行为虽然发生在36个月前，目前仍处于持续状态，但《非上市公众公司监督管理办法》实施前形成的股东超200人的股份有限公司经中国证监会确认的除外。

公司股票限售安排应符合《公司法》和《全国中小企业股份转让系统业务规则（试行）》的有关规定。在区域股权市场及其他交易市场进行权益转让的公司，申请股票在全国股份转让系统挂牌前的发行和转让等行为应合法合规。公司的控股子公司或纳入合并报表的其他企业的发行和转让行为需符合《非上市公众公司监管指引》的规定。

5. 主办券商推荐并持续督导。

公司须经主办券商推荐，双方签署了《推荐挂牌并持续督导协议》。主办券商应完成尽职调查和内核程序，对公司是否符合挂牌条件发表独立意见，并出具推荐报告。

另外，新三板市场虽然要接受中国证监会等金融监管部门的行政监管，但相对于主板市场，其运营商全国股份转让系统公司有更大的自主权，也可以说全国股份转让系统公司对中小企业挂牌新三板市有决定性作用，除了上述五项基本条件，申请在新三板上市的中小企业还要遵守全国股份转让系统公司要求的其他条件。

需要注意的是，根据中国证监会的相关规定，股东人数超过200人的股份公司申请股票在新三板市场挂牌公开转让、股份公司向特定对象发行证券导致证券持有人累计超过200人或者股东人数超过200人的非上市公众公司向特定对象发行证券，应当向中国证监会提出行政许可申请，由中国证监会行政许可受理服务中心受理相关申请材料，符合条件的由中国证监会出具核准文件，然后向全国中小企业股份转让系统有限公司申请办理挂牌手续。股东人数未超过200人的股份公司申请股票在新三板市场挂牌公开转让，以及挂牌公司向特定对象发行证券后证券持有人累计不超过200人的，中国证监会豁免核准，由全国中小企业股份转让系统有限公司受理相关申请材料并进行审查，符合条件的公司直接在新三板市场挂牌，纳入非上市公众公司监管范围。

四、挂牌新三板中小企业决策人需要考虑的主要问题

1. 突出主营业务。

通常情况下，挂牌新三板的中小企业主营业务收入应占到其总收入的70%以上，主营业务利润应占到利润总额的70%以上。如果主业不突出，最好通过重组使公司集中于主业，形成核心竞争力。重组建议由专业机构进行操作，既要符合公开、公平、公正原则，又要符合现行有关法律法规原则，特别是要符合公司章程的规定。

2. 妥善处理同业竞争。

同业竞争是中小企业不规范经营的重要体现，也是制约公司顺利挂牌新三板市场的重要因素。为此，要妥善处理好中小企业的同业竞争问题，包括同一实际控制人之下不存在与拟挂牌企业同业竞争的企业、公司高管人员及财务人员的兼职符合相关规定，等等。要解决同业竞争问题，常用的方法大致如下：一是以股权转让的方式将同业竞争公司转为拟挂牌企业的子公司；二是注销同业竞争公司；三是拟挂牌企业回购同业竞争公司的业务和资产。此外，也可以根据具体企业情况，通过协议买断销售、以市场分割协议解决等方式来解决同业竞争问题。

3. 保障持续经营。

新三板挂牌条件虽然没有明确的财务指标要求，对企业是否盈利也无硬性规定，但中小企业还是要保障经营持续性，即企业经营模式、主营业务没有重大变化，在所处的细分行业有很好的发展前景。

4. 保持高新技术企业资格。

高新技术企业资格不是一劳永逸的，需要中小企业积极申请并注意保持高新技术企业资格。在此过程中，建议重点关注企业的研发投入、科技人员和研发人员比例至少要符合《高新技术企业认定管理办法》的相关规定，即：年销售收

入在2亿元以上的企业，最近一年年研究开发费用总额占销售收入总额不低于3%；最近一年年销售收入在5 000万元至2亿元的企业，比例不低于4%；最近一年年销售收入小于5 000万元的企业，比例不低于6%；同时，有大学专科以上学历的科技人员占企业当年职工总数的30%以上，其中研发人员占企业当年职工总数的10%以上。

5. 处理好财务问题。

我国许多中小企业在发展初期大都存在公司的资产、账户与个人的财产、账户混用的“公私不分”的问题，对于拟挂牌中小企业与关联方的资金拆借、资金占用问题可以通过重组、以股利冲抵、转为委托贷款等措施尽早规范，不要将问题带到挂牌公司，这些都是极为有效的解决办法。同时，中小企业特别是民营中小企业多套账同时存在的问题非常突出，也大都存在财务数据不够真实、公司销售费用率大幅低于同行业、公司流动比率较同行业公司高而资产负债率较同行业低等诸多问题，这都要在挂牌上市前由主办券商和会计师事务所提出改正意见，并全面落实好、解决好财务问题。

6. 规划适宜的股权激励。

中小企业以高科技企业为主，要实现持续快速发展离不开科技人才支持，所以规划适合本企业的股权激励措施对挂牌企业来说非常重要。股权激励是一个系统工程，涉及管理、法律和财务等方面的问题，在具体操作上应关注以下问题：一是精选激励对象，加大对高科技人才和高管人员的激励；二是可以考虑分期授予激励股份，分期向激励对象授予一定比例的股权；三是设置适当的股权激励条件，如设置激励对象每年必须完成相应的考核指标，以及完不成目标、严重失职等情况下的股权处理意见等；四是明确考核指标和考核办法。

7. 规范企业经营。

中小企业特别是中小民营企业很容易出现不规范经营的问题，在资产权属、环保、税务、“五险一金”等方面也容易出现问题。如注册设立存在瑕疵，厂房租用手续不完善，环保项目违规，挂牌前面临税务处罚，不按规定给员工缴纳社保，等等。对中小企业而言，挂牌上市不只是对企业进行规范化改制，更重要的是要保证企业持续规范经营，这也是保证企业持续快速健康发展的基石之一。

五、新三板上市流程

中小企业申请新三板挂牌上市，大致需要遵守以下流程：

（1）跟券商签订推荐上市协议；

（2）满足新三板上市的各项要求；

（3）启动股改程序，由有限公司以股改基准日经审计的净资产值整体折股变更为股份公司；

（4）主办券商对要进行新三板上市的公司进行尽职调查；

（5）主办券商设立内核机构，对新三板上市公司进行审核；

（6）审核完成后，主办券商提交中国证券协会进行审核；

（7）审核通过，在新三板挂牌上市。

第五节 美国证券市场

美国证券市场是全球证券市场的风向标，也是我国企业境外上市数量最多、参与度最高的国际资本市场。

一、美国证券市场简介

美国证券市场历史悠久，是世界最大的证券市场，也是国际经济的“晴雨表”。美国证券发行市场是国际性的市场，发行规模和容量都很大。仅纽约证券交易所一家在2002年就有挂牌交易的上市公司2 783家，发行总股本3 499亿股，市价总值为13.4万亿美元，占据当时全球证券市场的半壁江山。

美国证券市场投资品种十分丰富，有证券和股指（如道琼斯指数、标准普尔500指数等）的现货、证券和股指的期货及期权、可转换债券、信托凭证（ADRs）等品种。投资者不仅可以进行各类品种的单独投资，还可以进行它们之间的套戳交易，避免因各类投资者行为趋同而造成市场单边运行，出现暴涨暴跌的局面。

美国证券市场包括全国性证券市场和区域性证券市场两个部分。全国性的证券市场主要包括纽约证券交易所（NYSE）、全美证券交易所（AMEX）、纳斯达克市场（全称为美国全国证券交易商自动报价系统协会，National Association of Securities Dealers Automated Quotation，NASDAQ）和布告栏市场（OTCBB）；区域性的证券市场包括费城证券交易所（PHSE）、太平洋证券交易所（PASE）、辛辛那提证券交易所（CISE）、中西部证券交易所（MWSE）以及芝加哥期权交易所（CHICAGO BOARD OPTIONS EXCHANGE）等。

美国证券市场具有以下特点：

（1）资金供应充沛，流通性好。数量巨大、规模各异的基金、机构和个人投资者根据各自的要求和目的在不同市场寻找不同的投资目标，为美国股市提供了世界上最庞大的资金基础，从而使美国股市的交投十分活跃，融资及并购活动频繁。

（2）融资渠道非常自由。上市公司可随时发行新股融资，对发行时间与频率没有限制，通常由董事会决定，并向证券监管部门上报。通常如果监管部门在20天内没有回复，则上报材料自动生效。如监管部门提出问题，则回答其问题。通常监管部门有30天的必须答复时间下限。当公司股票价格达到5美元以上时，上市公司股东通常可将其持有的股票拿到银行抵押，直接获得现金贷款。上市公司还可以向公众发行债券融资。

（3）管理层个人利益最大化：公司管理层可直接持股或拥有期权。因为美国上市公司股票是全部流通的，拥有股票就视同拥有现金。

（4）交易方式灵活，没有涨停板的做法，股票可随时买卖。股市自上午9点至下午4点，连续进行交易，中间无休息。下午4点后有些证券公司提供场外电子交易，直到晚上7点。

二、外国公司上市要求

1. 纽约证交所对美国国外公司上市的条件要求。

作为世界性的证券交易场所，纽约证交所也接受外国公司挂牌上市，上市条件较美国国内公司更为严格，具体包括：

（1）社会公众持有的股票数目不少于250万股；

（2）有100股以上的股东人数不少于5 000名；

（3）公司的股票市值不少于1亿美元；

（4）公司必须在最近3个财政年度里连续盈利，且在最后一年不少于250万美元、前两年每年不少于200万美元或在最后一年不少于450万美元，3年累计不少于650万美元；

（5）公司的有形资产净值不少于1亿美元；

（6）对公司的管理和操作方面的多项要求；

（7）其他有关因素，如公司所属行业的相对稳定性、公司在该行业中的地位、公司产品的市场情况、公司前景、公众对公司股票的兴趣等。

2. 美国证交所上市条件。

（1）若有公司想到美国证券交易所挂牌上市，需具备以下几项条件：

➢ 最少要有5万股的股数在市面上为大众所拥有；

➢ 市值最少要在美金30万美元以上；

➢ 最少要有800名的股东（每名股东需拥有100股以上）；

➢ 上个会计年度需有最低75万美元的税前所得。

（2）纳斯达克市场（NASDAQ）对挂牌上市公司的上市条件要求如下：

➢ 超过400万美元的净资产额。

➢ 股票总市值最少要在美金100万元以上。

➢ 需有300名以上的股东。

➢ 上个会计年度最低为75万美元的税前所得。

➢ 每年的年度财务报表必需提交给证管会与公司股东们参考。

➢ 最少须有三位“市场撮合者”（Market Maker）参与此案，每位登记在案的市场撮合者须在正常的买价与卖价之下有能力买或卖100股以上的股票，并且必须在每笔成交后的90秒内将所有的成交价及交易量回报给美国证券商同业公会（NASD）。

3. 纳斯达克市场（NASDAQ）对非美国公司提供可选择的上市标准。

选择权一：财务状况方面要求有形净资产不少于400万美元；最近一年（或最近三年中的两年）税前盈利不少于70万美元，税后利润不少于40万美元，流通股市值不少于300万美元，公众股东持股量在100万股以上，或者在50万股以上且平均日交易量在2000股以上，但美国股东不少于400人，股价不低于5美元。

选择权二：有形净资产不少于1 200万美元，公众股东持股价值不少于1 500万美元，持股量不少于100万股，美国股东不少于400人；税前利润方面则无统一要求；此外，公司须有不少于三年的营业记录，且股价不低于3美元。

4. OTCBB买壳上市条件。

OTCBB市场是由纳斯达克管理的股票交易系统，是针对中小企业及创业企业设立的电子柜台市场。许多公司的股票往往先在该系统上市，获得最初的发展资金，通过一段时间的积累扩张，达到纳斯达克或纽约证券交易所的挂牌要求后升级到上述市场。

与纳斯达克市场相比，OTCBB市场以门槛低而取胜，它对企业基本没有规模或盈利上的要求，只要有三名以上的造市商愿为该证券做市，企业股票就可以到OTCBB市场上流通了。2003年11月有约3 400家公司在OTCBB上市。其实，纳斯达克股市公司本身就是一家在OTCBB上市的公司，其股票代码是NDAQ。

在OTCBB上市的公司，只要净资产达到400万美元，年税后利润超过75万美元或市值达5 000万美元，股东在300人以上，每股股价达到4美元的，便可直接升入纳斯达克小型股票市场。净资产达到600万美元以上，毛利达到100万美元以上时，公司股票还可直接升入纳斯达克主板市场。因此OTC BB市场又被称为纳斯达克的预备市场（纳斯达克BABY）。

5. OTCBB 买壳上市程序。

OTCBB 市场买壳上市的典型操作是，一个拟并购的中小企业公司（“买壳公司”）与一个已上市的公司（“空壳公司”）吸收合并，合并后空壳公司成为法律上幸存的实体，但是买壳公司的经营并不受影响。买壳公司的股东事先跟空壳公司股东做好取得空壳公司控股权的安排，合并后买壳公司的股东可以享受上市公司的所有好处，该上市公司的股东则拥有合并后公司的有增值潜能的股票。

空壳公司多种多样，它们可以是完全或部分申报的公司，也可以是在证交所、场外交易市场，场外交易报价牌，或者粉色单股票报价系统交易上市的公司。买壳公司所付的代价包括可能高达 30 万美元的初期付款。合并后公司 5% ~26% 的股份将在公众或者前空壳公司股东的手中。最终的价格将取决于空壳公司的类型，比如，是否在交易所交易、是否向美国证监会（SEC）申报，以及所获得的控股比例，还有合并后公司的生存能力等。

特别需要注意的是，买壳上市应该购买一个干净的空壳公司。在反向收购空壳公司的过程中，中小企业最应当关心的莫过于空壳公司可能有未经披露的责任与义务，或者空壳公司有许多遗留问题，如果不予以解决，购买者可能会比较担心。因此，购买前应该做必要的审慎调查，并且由会计师做财务报表审计。此外，法律意见书也不可缺少。

买壳上市往往比 IPO 迅速，时间大概在 6 个月左右。如果空壳公司已经在市场上交易，那么合并以后股票也很快可以上市交易。不过，收购空壳公司、起草意向书以及最后完成交易，还是需要经历一定的过程。另外，如果这个公司想在另外一个交易所上市交易，那么还必须进行申报并获得审批。从成本上讲，一个空壳公司的价格可以低至五六万美元，高至几十万美元。此外，还需要支付上市的律师费及会计师费。但买壳上市还是比 IPO 上市成本便宜。买壳上市的成本一般在 50 万 ~60 万美元（包括空壳公司价格和中介费用）。

买壳上市本身并不能筹措资本，真正资金的获得是通过随后的配售或二次发行股票筹得。一般地，如果空壳公司本身有资金，还是不要接受为好，因为这种融资本身会非常昂贵。另外，空壳公司也可能有许多债务。因此，收购时必须先做审慎调查，同时也应该获取空壳公司尽可能多和广泛的陈述和保证。

第六章
创业股权融资

资本市场是直接融资的主渠道，也是部分中小企业特别是高科技中小企业和高成长性中小企业外部融资的重要途径。不过，由于资本市场融资条件相对较高、程序相对复杂、时间相对较长，加之资本市场融资具有的局限性，对绝大部分中小企业并不适用。从世界各国经验看，大部分中小企业，特别是成长初期的中小企业还需要借助非公开市场或其他金融工具进行股权融资，而且这类融资非常契合我国“大众创业、万众创新”的大政方针，必然会获得越来越多的政策法规支持，成为部分高成长型中小企业早期融资的重要途径。本章着重介绍创业股权融资。

第一节 创业股权融资概述

中小企业如果能在大浪淘沙的市场冲击下成长壮大，非常需要特别的金融呵护与支持，尤其是在信息技术时代，高新技术企业不仅需要巨大的资金支持，还需要管理技术方面的帮助。但这些初创期的中小企业要么还非常幼小，甚至只有几个人；要么还只是创业者的一种想法或构想，还停留在思想阶段，无法借助传统的间接金融或直接金融方式取得资金支持，比较现实可行的途径是通过股权方式进行融资。由于高新技术中小企业的培育和发展是国家创新和核心竞争力的重要组成部分，对国家和社会发展至关重要，所以从19世纪末的美国开始，各国逐步开始探索初创期中小企业、甚至是中小企业创业项目的股权融资形式，并在20世纪70年代后逐步发展起来，形成了具有一定规模的创业投资市场。

一、中小企业创业股权投融资的基本特点

中小企业以及中小企业创业构想项目可以笼统地称为创业投资项目，创业投资项目实行股权融资是技术与市场、技术与资本相结合的产物，有其内在的基本逻辑。中小企业创业股权投融资具有以下基本特点：

1. 高风险性。

中小企业自身生命周期非常短，死亡率非常高，能在市场竞争中生存下来并成长壮大者通常以数万分之一计。而且许多中小企业还处于初创期、种子期，甚至是构想阶段，投资此类项目风险更大，只有有足够风险承受能力的投资者才是适合的投资者。从资金性质上看，拟投资的资金对创业投资者来说是富余的资金，即即使完全损失也不会影响其正常生活的那部分资金。从资金数量上看，要能达到基本将小企业扶助到成长阶段或成长阶段后期，也需要足够金额的可持续的资金支持，所以也要有必要的资金量，这也是越来越多的创业投资者进行联合创业股权投资、积少成多、积短成长的一个重要原因。

2. 高收益率。

市场经济的基本逻辑是高风险需要高收益来对冲。通常中小企业创业股权融资项目的失败率较高，但一般也会伴随着数倍以上的高收益。为了支持创业股权投资退出，在政策和法律层面通常会给予一定的支持，除对创业股权投资者给予财政税收支持外，还包括设立创业板市场、允许符合条件的中小企业到国际资本

市场上市、允许中小企业实现并购重组或管理者回购、实现必要的清算或破产清算等多种方式，前者可以支持创业股权投资者通过股份转让实现高收益后退出，后者可以支持创业股权投资者通过清算减少损失。从近些年创业股权投资的实际发展情况看，各国创业股权投资企业或项目总体上收益较高，不仅远高于银行存款收益，也高于股票市场收益和其他债权收益。

3. 高技术性。

高新技术企业要享受国家规定的扶持政策，需要按照政策法规规定的认定程序进行认定认可，方可据此享受创业股权投资支持，这也是创业股权投资者最能实现高收益的基本保障，所以高新技术企业不仅需要具有高新技术，更需要列入国家明确支持的高新技术目录。从目前情况看，国家支持的高新技术主要涵盖电子信息技术、生物与新医药技术、航空航天技术、新材料技术、新能源及节能技术、资源与环境技术、高技术服务业和改造传统产业的新技术等八个大类，大约55个小类的高新技术领域。这些技术的发展和使用既需要大量的技术创新人才和技术创新手段，也需要先进的管理和大量的资金支持，单纯依靠国家投入既不现实也解决不了市场化发展问题，所以需要借助创业股权投资来实现技术、资金和市场的有机结合。

4. 专业性。

中小企业、特别是高新技术中小企业因其高风险和新技术特性，通常也需要较强的专业创业投融资操作，不论是天使投资人、创业投资者还是众筹组织和管理者都需要是专业人士，包括金融投资专业人士、企业管理专业人士、财务管理专业人士、法律服务专业人士等，他们可能是专职从事创业投资的专业人士，也可能是兼职或聘用的专业人士，但集众人之才力共谋中小企业迅速发展大计是这个行业的基本特征之一。另外，创业股权投融资还需要一定的专业操作，因为创业股权投融资涉及企业组织架构、公司治理结构、公司财务制度、担保安排、股权回购安排以及公司经营管理等诸多政策法律和市场行为，唯专业人员进行专业操作才能妥当处理。特别是涉及投资者市场退出的安排，无论是上市退出还是并购重组、回购和清算，都是非常复杂的过程，不仅需要进行复杂的制度设计以保证投资人的基本利益，也需要在后期的执行过程中根据法律规定和前期约定进行专业操作，以保证各项规定落到实处，维护投资人和中小企业的利益。

5. 非公众性。

中小企业创业股权融资不是面向普通投资者的大众性投融资活动，而是面向有管理能力和相对富余资金的高端投资者的小众化投融资活动，具有明显的非公共性。所以，中小企业在进行融资时既要坚持向有本行业、本企业管理能力，有一定的风险承受能力和相当的资金实力的特定投资者融资，又要坚持进行股权性融资操作，厘清与非法集资和非法吸收公众存款的界限。不过需要说明的是，随着社会大众对风险投资接受程度的不断提高，风险投资的高收益也不断吸引越来越多的普通投资者加入创业股权投资活动中来，适合更多投资者参与的股权众筹投资已开始兴起，但从根本上说，这类股权众筹无论是从投资者人数、投资金额和投资市场影响力等方面看，都仍然局限于小众领域，还是具有明显的非公共性。

6. 创新性。

我国中小企业融资的主要渠道是商业银行等金融机构，还有部分来自于中小企业股东的增资入股，也有部分来自于民间借贷市场，后两者也属于中小企业融资的传统方式。近年来，国家加大对中小企业融资的政策支持力度，除了对传统的融资渠道进行拓宽和放松管制外，还注意从股权融资的角度进行政策扶持，最主要的措施就是支持设立创业投资企业，并配套建设中小企业资本市场。近年来，随着互联网金融的发展，这一创新模式也在不断发展完善之中，目前市场上出现的股权众筹就特别适合于中小企业创业股权融资，只要进行必要的政策引导，必然会有更大更规范的发展，并成为大众创业、小众融资的重要创业渠道。

二、创业股权投融资的主要类型

概言之，创业股权融资泛指中小企业或中小企业项目所有人为实现快速发展，而借助正式资本市场以外的其他市场或其他工具进行的股权融资行为。从广义的角度看，创业股权融资大致等同于广义的风险投资，具体包括天使投融资、风险投融资和股权众筹融资三种类型。

1. 天使融资。

天使融资是与天使投资相对应的概念。“天使投资”一词起源于美国纽约百老汇，专指有钱人出资赞助社会公益演出，从而为无名气但有理想、有爱心的演员提供演出机会的“天使般”的投资行为。后来，天使投资延伸为商业投资行为，即天使投资人对高风险、高收益初创企业的早期投资行为，借指投资人的资金和技术是使初创小企业成长的“天使的翅膀”。天使融资是小型初创企业和天使投资人签订股权投资协议，天使投资人对拥有专门技术或独特概念的初创小企业进行一次性的前期投资，并占有一定股权的风险投资行为。天使投资人原来主要是有富余资金的自然人，目前已发展为自然人、家庭或机构，所以小企业的天使投资人可能是一人，也可能是多人，还可能是若干投资者组成的天使投资基金。

天使融资对初创小企业发展至关重要，这不仅是因为天使可以直接投入承担风险的股权资金，而且还因为“天使”大都具有一定的拟投资企业所在行业管理经验和管理技能，可以直接参与或由其指派的通常具有会计师、律师等专业资质和管理能力的代理人直接参与所投资小企业的经营管理。

天使融资主要适用于种子期或初创期的小企业或小项目，所以融资金额一般不大，在美国一般不过几十万美元，我国通常也不会超过300万元人民币，并根据小企业或项目创设人的情况决定天使投资人是否具有融资企业控股权和实际控制权。

2. 风险融资。

风险融资是风险投资相对应的概念。风险投资（Venture Capital），简称VC，概指对包括对中小企业的前期投资在内的所有高风险、高收益的投资，广义上包括天使投资和私募股权基金投资，本章取其狭义概念，即以风险投资基金为主要代表的专业投资机构对成长期的高新技术中小企业的创业股权投资。

风险投资与其他创业股权投资的最大特点是由专业机构、专业人员进行专业的投资操作。专业机构系指风险投资通常不像天使投资那样一个自然人也可以直投，而是由风险投资基金、风险投资公司等专业机构根据风险投资机构管理办法和机构章程、业务规则进行投资操作。专业人员系指风险投资机构的风险投资操作是由一系列专业人士进行的，包括但不限于项目投资经理和相关管理人员，还包括相关人员、风险管理人员和法律专业人员等，可以说是由专业的人来办专业的事。专业操作系指风险投资操作虽然每个风险投资机构都有自己的经营特点和优势，但同时也根据风险投资行业的风险管理和经营要求，按照一定的程序和规则进行投融资管理，包括外部融资、创业投资、参与管理和股份退出等基本操作。

风险投资起源于美国，在20世纪70年代后开始发展起来，目前英国、日本、以色列和我国台湾地区的风险投资都得到了较快发展，成为企业创新发展的重要途径之一。我国风险投资发展起步较晚，但发展形势非常快，特别是21世纪前后一段时间，海归人员创业投资直接采用风险投资模式，并成功在美国纳斯达克上市的成功经验直接带动了风险投资的快速发展。

3. 股权众筹。

众筹是由“Crowdfunding”一词直接翻译过来的，香港称之为“群众集资”，台湾称之为“群众募资”，是近几年借助互联网兴起的新型融资方式。从形式上看，众筹主要包括债权众筹、股权众筹、实物众筹和捐赠众筹等形式。股权众筹融资是指拟创设项目所有人或小微企业向普通投资者出让一定比例的股份，投资者通常通过现金出资形式购买普通股份或特别股份出资入股，实现共享收益、共担风险。

股权众筹可以说是私募股权的缩小板、大众板和互联网板。缩小板是指股权众筹的总融资额通常要远远小于风险融资，也小于天使融资；特别是单个投资者的投资额都比较小，通常不过几千元人民币，最多也不过几万元人民币，以确保其风险损失不会影响投资者的实际生活。大众板是指股权众筹的筹资对象主要是普通大众投资者，除了上述投资额的极低门槛条件外，还在于众筹时并不要求投资者具有投融资或拟投资行业的相关专业知识，除了领投人外，其他投资者均可以是普通的拥有完全民事行为能力的自然人即可。互联网板是指股权众筹从诞生之日起就与互联网密切相关，是“私募股权的互联网化”，即基于互联网的联络使日常社会生活中互不相识的普通投资者可以集结在一起，形成一个基于某一项目或某一企业的投资共同体。

股权众筹是21世纪初出现的新兴事物，2009年才在国外出现，2010年美国乔布斯法案颁行后开始得到较快发展。2011年众筹开始引入我国，美微淘宝成为国内第一个成功融资的股权众筹项目。目前，股权众筹已成为大众创业、万众创新的重要实现形式之一，特别是2014年11月19日国务院常务会议明确要求建立资本市场小额快速再融资机制，并首次提出开展股权众筹融资试点以后，股权众筹开始得到越来越多的关注，参与主体也越来越多，除了人人投、大家投等P2P互联网金融平台，众筹咖啡等股权融资平台，京东、苏宁、阿里巴巴等知名电商也开始引入股权众筹项目，股权众筹或将迎来一个繁荣时代。

三、中小企业成长周期与创业股权融资的匹配问题

中小企业孕育、初创和成长的各个阶段都离不开外部投资，可以说，融资是中小企业创设人和管理团队最重要的任务。但如何实现企业设立、成长与投融资的有机结合，不仅需要考虑企业所处的成长周期阶段、创业项目和企业技术水平、企业所在行业市场状况，还需要考虑中小企业治理结构和经营管理情况等诸多因素。只有实现多因素的综合平衡、投资人和融资中小企业的最佳利益平衡，才是最优的选择。这其中，首先要考虑的是中小企业成长周期与创业股权融资的匹配问题，即在中小企业创设、成长的不同阶段，选择适合其资金需求特点和投资者风险偏好及承受能力的投资方式。

1. 天使融资。

种子期的创业项目或创意所有人通常有项目缺资金，或者精通专业技术但不熟悉管理技术，而创意项目落地需要资金和技术，依靠成立中小企业来推动和落实。在国家实行企业登记注册制度改革后，设立一般中小企业已经变得非常容易，但这种依托单一项目或创意的中小企业要想成长壮大为科技型大企业却非常不容易，其成功概率可以说是万里挑一。这就意味着对种子期创业项目中小企业的投资成功率非常低，可以说是十之八九以失败告终。因此，中小企业种子期的融资主要应集中于天使投资人，他们有资金、懂管理，也有一定的风险承受能力，可以借给项目创意人一双走向成功的“翅膀”，实现天使投资人和创业中小企业融资者的双赢。

另外，在中小企业创业项目“生根发芽”的过程中，初创阶段也会面临许多意想不到的困难，包括但不限于前期筹集资金不足以支持企业正常设立，项目或技术落地时存在非根本性、临时性的缺陷或困难需要加大技术攻关力度等，这

都需要临时性外部资金支持，其投资性质与种子期投资大致相同，而且通常也会同前期的天使投资人协调引进外部资金，这也基本上属于天使融资的范围。可以说，在中小企业成长周期的种子期阶段，与其相匹配的主要融资措施是天使融资。天使融资与中小企业成长周期不同阶段的匹配关系见图6—1。

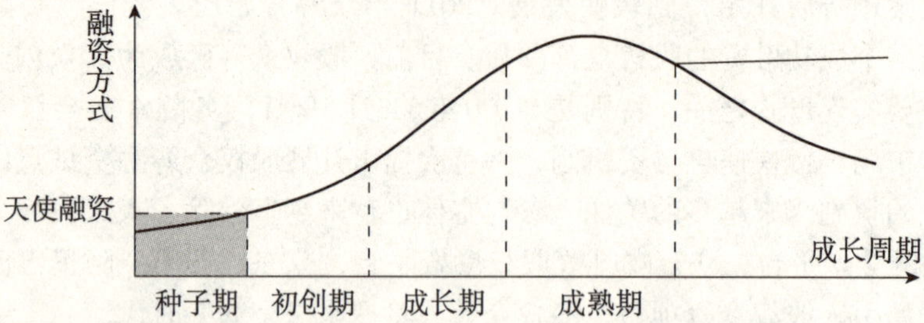

图6—1　天使融资与中小企业成长周期的匹配关系

2. 风险融资。

中小企业渡过种子期后，就进入创设和成长阶段，这通常也是中小企业快速成长的阶段，其对资金的需求无论是数量上还是频次上都要远远超过种子期。简言之，在中小企业初创期和成长期，其资金需求在数量上通常会比较大，不仅企业原始股东很难满足，就是天使投资人也很难全部满足，通常需要借助外部融资来实现。从资金需要频次上看，这一时期的中小企业的资金需求会随着企业的快速成长和生产规模的扩大而需要多个轮次的融资，通常以A轮、B轮和C轮等标志不同轮次的融资行为。要在资金数量和融资频次上满足初创期和成长期中小企业的融资需求，同样需要能承担高风险的投资人参与，而且这一时期的中小企业对技术管理和经营管理的要求更高，需要投资人及其代理人参与企业的运营管理，既保证企业顺利渡过初创期，迅速成长壮大，又保证投资人有较好的投资回报，或尽可能地减少其投资风险。能满足这些条件的外部投资正好符合前述风险投资的投资特点，可以说中小企业初创期和成长期的外部融资与风险投资存在较好的匹配性，风险融资是中小企业初创期和成长期重要的融资方式。风险融资与中小企业成长周期的匹配关系见图6—2。

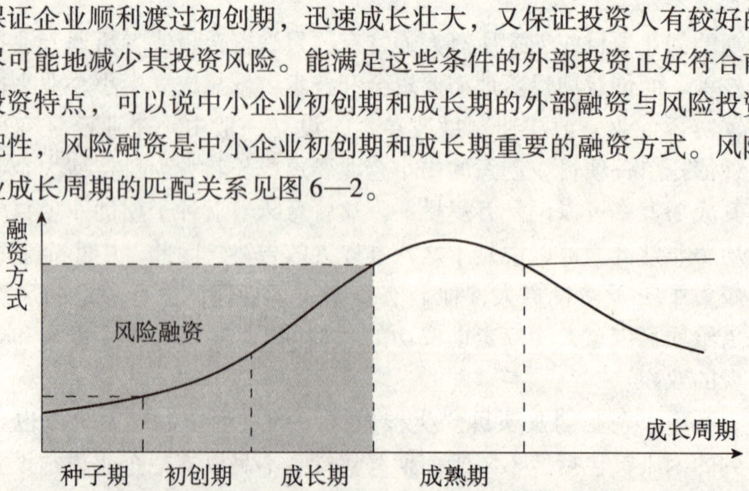

图6—2　风险融资与中小企业成长周期的匹配关系

3. 股权众筹。

众筹虽然起步较晚，但借助互联网的兴起，特别是随着互联网+时代的到来，快速成长为大众投融资的新兴平台。传统上的股权众筹通常集中在企业发展相对比较成熟的阶段，这一阶段中小企业技术和经营管理都基本稳定，对资金的需求或者是为扩大生产规模，或者是补充流动资金，对投资者没有初创期和成长期时关于企业管理能力方面的特别要求，只是单纯的资金提供者。同时，中小企业成熟期的投资风险相对较小，投资回报比较稳定，这也适合人数多、资金少的大众投资者进行集合投资，所以，从直接融资的角度看，最适合中小企业成熟期的外部股权融资方式当属股权众筹。股权众筹与中小企业成长周期的匹配关系见图6—3。

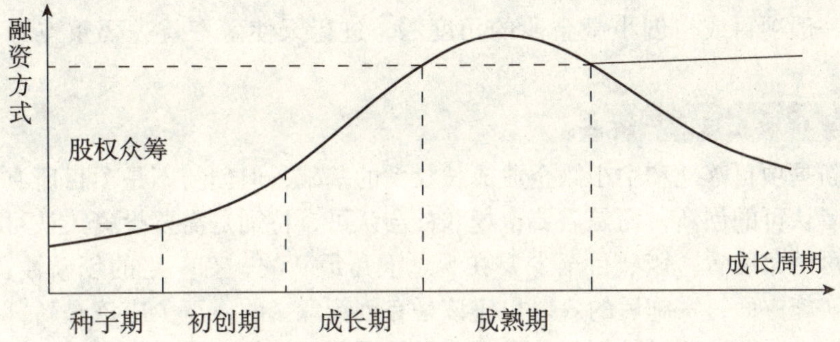

图6—3 股权众筹与中小企业成长周期的匹配关系

互联网+金融的发展又为股权众筹带来了某些风险投资的属性，这主要体现在以下两点上：一是普通投资者可以借助互联网的信息交流在一定程度上达到风险投资者之间信息交流的水平，使众筹投资者之间、众筹投资者和需求资金的中小企业之间实现信息的有效沟通，从而对投资风险和投资回报的了解有了更充分的了解，风险承受的能力甚至可以达到风险投资者的水平；二是众筹平台或专业领投人通常具有较高的投资风险判断能力和投资项目或企业管理能力，并通过一定的制度或公司治理安排参与到投资的中小企业经营管理之中，使股权众筹投资整体上具备风险投资的主要特性。基于此，目前股权众筹实际上已开始参与到初创期和成长期的中小企业融资活动之中，成为部分中小企业进行外部股权融资所依靠的重要力量。

第二节 天使融资

由于创业项目失败率较高，总体上是项目在找资金，加之天使融资投资人一般要有一定量的闲置资金、一定的风险承受能力和一定的专业经验，重要的是，天使投资人要对特定领域的项目有敏锐的价值发现和成长性判断能力，有强烈的参与意识和合作意愿。为此，天使融资的融资方不但要提高项目的可行性，还要聚焦于找到和发现合适的天使投资人，要把搜寻和考察重点放在考察投资人的天使风险投资能力和合作意愿方面，并要本着诚实可信的原则使对方感觉和体察到合作的可行性和必要性。本节重点介绍中小企业选择天使融资应关注的因素及进行专业化操作的要点。

一、天使融资应重点考虑的因素

从一般项目或初创小微企业的角度看，进行天使融资首先要重点考虑以下因素：

1. 保证项目的创新性。

创新是项目落地和中小微企业成长壮大的基础，但创新不是项目所有人自己认为或者认可的创新，而是需要市场和社会认可，特别是需要投资人认可。从项目被认可的角度看，该项目至少要在观念上是最新的，有一定的创新性；同时，在项目实施方面，实施后的效果也应该是有创新意义的，至少应该是新颖的。为此，融资人需要对项目的创新性进行必要的说明和阐释，使天使投资人对项目的创新性有必要的了解。

另外，为了展示项目的创新性和独创性，项目所有人可以通过文本或样品进行展示，即使是思想上的创新，也尽可能有清晰的文字或图案说明。除了必要的纸质版本外，通常也要准备可以展示的能显示成稿日期和修改日期的电子版本，最好是有专利授权证明的版本。

2. 保证项目的可行性。

项目的可行性主要是指项目实施的可行性，大致包括技术可行性和市场可行性。任何项目都不应只是思想上的项目，不能是前景光明但现有生产条件下无法实现的空中楼阁，而应是立足于现有技术进行的发明创造，并且基于现有生产技术可以进行商业化生产的项目。同时，为了保证项目技术的专有性和专用性，项目所有人或专有人应进行必要的技术保护，包括依法申请专利，或者通过严格的内部管理实行专有技术保护等。当然，作为项目融资方，在介绍项目的技术可行性时，既要注意让天使投资人认可项目在技术上的可行性，又要注意采取必要的技术保密措施，这既是融资人必要的自我保护手段，也是融资人技术保护意识和技术保护能力的验证手段，处理妥当不但不会引致天使投资人反感，而且会成为重要的加分因素。

天使投资人不是慈善天使，而是商业天使，项目的市场前景和钱景才是真正吸引天使投资人的重要因素，所以融资人要高度重视项目的市场可行性。同时，天使投资人都有敏锐的市场意识和行业经验，融资人需要做的不是向天使投资展示该融资项目有如何诱人的市场前景，只需要展示其目标客户群体和目标细分市场，天使投资人自然会通过项目的创新情况做出基本的判断。从融资人的角度看，制作一份内容不用全面的项目可行性研究报告作为项目创新技术的辅助性说明材料就基本可以满足天使投资人的要求了，其他问题可以在具体接触时再行讨论和商谈。

3. 实现项目的人合性。

大多数天使融资项目都是新设或增强原来的小微企业，从企业组织形式上看，以有限责任公司为主体，兼及部分合伙企业，鲜有项目一开始就采取股份有限公司的组织形式，因此，天使融资项目有很强的人合性。基于此，天使投资人即使亲自出马或派遣专业管理人参与融资项目企业的管理，通常也不会喧宾夺主行使主要管理权，而是由原来的项目或企业管理核心团队成员继续进行管理，天使投资人及其派出的管理人员只是对原管理人员所不擅长的市场开发、营销等领域进行辅助管理。所以，融资人需要对其初创团队或核心管理团队的基本情况进行清晰的介绍，特别是介绍核心管理人员和技术人员的基本情况，包括比较详细的个人简历情况等，并配合天使投资人进行必要的调查，以使投资人确信将来合作愉快，为项目顺利实施打下良好的人合基础。同时，主要创业者还要向天使投资人展示其良好的人格魅力，包括但不限于自信、自知、激情、诚信、团结等许多优良品质，必要时主要创业者也可以同意或承诺为了项目顺利实施和企业良性发展放弃自己的控股权或其他权利，确认把企业利益放在第一位，落实全面合作的融资基础。

4. 体现项目的价值性。

项目的价值与项目的市场性密切相关，与融资方和投资方对项目价值的判断也密切相关。因此，要实现项目的价值性，需要把重点放在项目的融资安排上，即基于投融资双方对项目价值判断的基础上进行的项目投融资实施安排。实施中，为了保证公平可信，通常要由有相关项目或行业评估经验的独立第三方进行项目价值评估，也可以由投融资双方共同谈判商定项目的基本价值，在此基础上具体商定融资金额和拟出让股份安排等。需要说明的是，项目的评估价值主要是参考价值，如何确定投融资金额更多地依靠投融资双方的洽谈。作为融资方，要有针对性地对项目融资制定谈判方案，并采取必要的融资谈判策略，尽可能实现融资金额的最大化和股份出让的最小化。

5. 保证项目的可持续增长性。

天使投资只是使项目落地或小微企业初创的初始资金保证，要实现小微企业做大做强，需要持续的后期投资，主要是风险投资。但风险投资人最看重的是企业价值的持续增长，包括技术的不断改进、产品的不断更新、市场的不断开拓、管理团队的不断重组等。这就要求项目要围绕价值可持续性进行布局，根据风险投资等后续投资人的要求进行改革，确保项目的可持续增长性。

二、慎重选择天使投资人

市场很少会青睐无任何准备的融资者，对资金需求满足度极低的天使融资来说，情况更是如此。所以，作为天使融资方，除了要认真考虑和准备前述的天使融资的主要因素外，还要采取措施，认真选择天使投资人，这是最终达成天使投融资安排的基本条件。

1. 要明确融资人有权利也有义务自主选择天使投资人。

项目所有人或初创小微企业虽然有迫切的资金需求，但也不能饥不择食，仍然要注意掌握对天使投资人的选择主动权。个中原因颇多，诸如有些投资人是披着天使外衣的骗子，以进行投资考察等名义骗取融资人的钱财，甚至把融资人的企业或项目悉数骗为己有的事也曾有发生；还有些投资人有极强的控制欲，一旦签署天使投资协议，立即把融资方作为自己的下属而颐指气使，甚至调用融资方的资源为己所用；也有些投资人对融资方不管不问，没有发挥天使投资人资金和市场这两个“翅膀”的双重助力，对融资项目落地和融资成长的扶持作用不够有力。曾有人将融资者应当规避的天使投资人归纳为八个类型，即鲨鱼型、官司型、高人一等型、控制狂型、说教型、过气型、哑巴型、中介假冒型，形象地揭示了融资方选择天使投资人一旦不慎很容易留下后患。所以，为了项目的顺利落地，为了小微企业的顺利成长，天使融资人有义务也有责任慎重选择真正了解项目和项目所在行业、懂管理、会经营、有实力、善合作的天使投资人，这才是项目成功的基础。

2. 要有针对性地收集天使投资人信息。

项目所有人或小微企业的社交领域和业务范围里通常没有天使投资人，要快速、有效地引进天使投资人，需要他们有针对性地收集、分析天使投资人的信息，甄别、选择出最适合自己项目或企业的目标天使投资人。从实际发生的天使融资项目看，最有效的手段是已经成功进行天使融资的、可以信任的其他融资人的推荐，这不仅是因为被推荐的天使投资人有成功的天使投融资运作经历和经验，重要的是因为被推荐的天使投资人所擅长的投资业务领域往往与融资人密切相关，而且天使投资人的资金实力、运作能力和业务水平也都经过融资方信任的人员的检验，极大地减少了信息不对称的调查成本。另外一种比较常见的措施就是通过网络收集天使投资人的信息，主要是通过线上天使投资平台、线下天使投资平台、线上与线下结合的天使投资平台选择天使投资人。这个过程通常也是双向选择的过程，即天使融资方要在上述天使投资平台上登记天使融资项目情况，并与感兴趣的天使投资人接洽、咨询，考察拟合作的天使投资人和接受对方考察，达成初步合作意向后再进一步商谈、推进。

一般来说，天使融资建议优先选择机构天使投资人，因为机构天使投资人通常比个人天使投资人资金实力强、综合服务水平高，服务的业务领域也相对广泛，容易达成投融资协议。选择机构天使投资人时，可以通过互联网、企业信用信息系统等渠道查证确认天使投资人的基本信息情况，并至少要通过现实调查进行一些必要的尽职调查，了解他们的成功案例，了解他们投资企业的情况，以及观察天使投资人或天使投资机构老板及其负责联络的员工的言行，从而对天使投融资合作做出相对客观理性的判断。

对于个人天使投资人，也尽可能考虑选择值得信任的朋友的推荐或自己认可的天使投资人。应优先考虑成功的企业家、企业高级管理人员、企业技术主管、律师、会计师等专业人士作为天使投资人，也可以考虑离退休人员，但对行政管理人员，包括有行政管理权的事业单位领导干部和有管理职权的工作人员，投资要慎重，防止国家对他们投资行为的管理规定有变化而造成抽回投资等不必要的麻烦。

3. 选择有特殊“背景”的天使投资人。

近年来，特别是十八届四中全会以来，国家和政府积极推动“大众创业、万众创新”，不断推出对天使投融资的鼓励措施。古语云：识时务者为俊杰。天使融资项目所有人或小微企业可以说是顺应时代发展的创业者，积极利用各种天使投融资政策也应当成为选择天使投资人时的重要考虑因素。具体来说，就是在相同条件下，尽可能选择有政策支持或业务领域符合产业发展方向的天使投资人，如选择与政府政策性产业发展引导基金有密切合作关系的天使投资人，在投融资安排中引入政策性产业发展基金支持，尽可能将产业扶持政策用尽用好。又如，可根据科技部《科技企业孵化器认定和管理办法》的相关条款，借助相关天使投资人的帮助，在科技园区内设立中小微企业，争取政策性的基本启动资金，享受便利的配套措施、廉价的办公场地，并在企业经营层面争取获得政府部门的相应帮助。

4. 考虑可以长期合作的天使投资人。

天使融资是项目落地或小微企业初创的第一次融资，在企业成长发展过程中，通常还需要进行风险融资或其他股权融资，可以在后续融资中提供方便的天使投资人是比较好的选择。在这方面，天使融资人要放长眼光，考虑选择那些与本行业知名风险投资机构有良好合作关系的天使投资人，并给予适当的特殊关注。同时，准备将来境外上市的天使融资者还应考虑天使投资人与境外风险投资机构或有境外上市经验的风险投资机构的合作因素，对与本行业知名的有境外业务关系的风险投资机构有良好合作关系的天使投资人给予适当的特殊关注。

三、进行专业化操作

天使投融资对融资方来说，虽然具有项目或者企业发展情况方面的信息优势，但在融资操作上却没有投资方专业，特别是没有天使投资平台或天使投资机构的专业优势。为了更好地保护天使融资方的权益，建议中小企业借助专业人员进行专业化操作。

1. 聘请天使融资相关专业人员。

在专业人员选择方面，可以通过信任的朋友推荐等途径选择天使融资综合服务机构，或者寻求财务审计人员、专业律师提供专业的服务。天使融资人要在签署保密协议或采取其他适当的项目保密手段的前提下，尽可能将项目或企业的基本情况、准备选择的天使投资人要求，以及基本的天使融资条件等详细告知相关专业人士，由他们具体负责选择意向天使投资人、撰写最初的投资文件或长期负债表、准备各种天使融资文件资料，这样既体现了投融资的专业性，又可以很好地规避不当操作带来的各种风险。

2. 要防止落入非法集资陷阱。

由于我国法律对非法集资的认定相对宽松，制裁也不够严格，所以多年来有不少企业家因不规范的集资行为落入非法集资陷阱，严重的甚至被判处死刑。天使融资也容易陷入非法集资困境，特别是通过天使投资机构进行的天使融资，领投人后面可能还有若干跟投人，如果操作不当，很容易产生非法集资嫌疑。因此，在操作上，建议听取律师等专业人士的意见，要特别注意规范操作：只向特定的投资人进行融资，即设置必要的条件，只有符合条件的投资人才能成为本次天使融资的合格的投资人。目前国家还没有制定颁布天使投融资方面的法律规定，融资人可以参考其他投融资规范自行设定相应的投资人条件，包括投资人的资产额、本次投资占其总资产的比例等基本条件。通过设定这些条件，将天使投资人限定为特定的投资对象，可以比较好地规避不特定对象带来的隐患。在实际操作中，为了保留相关证据，可以让拟定的每位天使投资人填写一份天使投资调查表或风险告知书，也可以由律师等专业人士全程见证投融资操作过程，并做好工作记录，或采取全程录音录像等措施保存证据，以备将来举证使用。

3. 明确天使股权融资事项。

天使投资人进行股权融资是为了融资项目及其所依托的小微企业做大做强，并在将来合适的时机以合适的方式退出，以获取高额回报。天使融资人要使用天使资金，就需要满足天使投资人的这些要求，尽可能保持自己对企业的控制权，促进企业尽可能快地做大做强，并在此过程中以及在企业做大做强后获得持续的、最大化的发展利益。为此，必须明确各种投融资事项，笼统地看，以下几个事项是必须要明确的：一是天使投融资项目落地的小微企业的组织形式，是采取有限公司形式还是合伙企业形式？是有限合伙企业还是普通合伙企业？公司的股权如何划分？公司股份转让或合伙人份额转让有没有特殊约定？等等，诸多问题都要提前明确。二是天使投资人或融资人谁享有融资企业的投股权？如何通过公司治理结构安排体现控股权，并通过控股/参股安排实现其经济利益？三是签署规范的天使投/融资协议，投资协议的主要内容可参考风险投资协议的相关内容，并根据投融资双方的协商进行必要的修改即可。

第三节　风险融资

天使投资企业的种子期如同竹子的生根发芽阶段，一旦积蓄够能量就破土而出，进入成长期就会迅速长高变粗。初创期、成长期的中小企业，甚至是成熟期的高科技中小企业依靠自身资本积累通常无法满足其快速增长的内在需求，借助风险投资进行外部融资有助于其迅速扩大生产规模，提高市场占有率，发展成为公众上市公司，甚至成为高新技术领军企业。

一、风险投资风潮正热

如果说我国天使投资还处于起步阶段，融资项目数量远远大于天使投资人数量的话，风险投资则有着很大的不同，部分有价值的中小企业风险融资项目甚至会出现几家风险投资机构竞争的局面。进入新世纪以来，我国风险投资开始进入快速发展阶段，在当前大众创业、万众创新的经济新常态形势下，可以说风险投资的一轮热潮已然扑面而来。中小企业应做好准备，积极吸纳风险资金为己所用，促进创业，加快发展。

美国第一家规范的风险投资公司是 1946 年成立的波士顿美国研究与开发公司（Boston's American Research & Development Corp.），该公司一个成功的投资案例就是 1957 年向 4 名麻省理工学院大学生创立的数字设备公司（Digital Equipment Corp.）投资 7 万美元，占该公司股份的 77%，到 1971 年时，这些股份的市场价值已超过 3.55 亿美元，投资回报超过 5 000 倍。美国风险投资事业的发展经历了20世纪50、60年代兴起，70年代衰退，80年代复兴，80年代末、90年代初低潮，90年代和21世纪初再次兴盛，2010年代末衰弱，目前又正在恢复发展的总体历程。目前美国约有1 000家规模较大的风险投资公司和1 000家小规模的风险投资公司，每年约有10 000个高科技项目得到风险投资的支持。美国风险投资主要投向生物技术、信息技术等高新技术领域，英特尔（Intel）、微软（Microsoft）、苹果（Apple）、雅虎（Yahoo）等一大批高新技术领军企业的成长都离不开风险投资的大力支持。

我国第一家真正意义上的风险投资机构是1985年成立的中国新技术创业投资公司，此后，以火炬计划、高新技术园区、大学科技园、归国留学人员创业园为依托建立的官方或半官方背景的各类科技企业孵化器在一定程度上发挥了风险投资机构的作用。我国风险投资产业的真正兴起约在20世纪末21世纪初，互联网热潮带动了风险投资的快速发展。其中的主要力量有两股：一股是国外风险投资资本，当当网、搜狐、新浪、网易等互联网企业都获得了国际风险投资的青睐；另一股是本土风险投资资本，主要是国内大企业集团和企业家成立的风险投资，如联想控股的风险机构投资于卓越网，获得了超过12倍的回报。受互联网热的影响，风险投资机构借助政府提出的大众创业、万众创新政策，利用政府推动实体经济与虚拟经济相结合的契机，积极布局推动风险投资行业加快发展，机构数量和投融资金额都呈快速增长态势，开始成为高新技术企业投融资的主要力量。

二、考虑可持续的融资计划

天使融资通常只能帮助项目所人或小微企业渡过种子期或初创期，要实现成功，中小企业还有很长的路要走，特别是要实现快速成长，还需要持续不断的外部融资。目前，有人把天使投融资与风险投融资轮次合并计算，统称为A轮融资、B轮融资、C轮融资，等等；也有人把天使投融资与风险投融资轮次分开计算，分为天使融资和A轮风险融资、B轮风险融资、C轮风险融资，等等。我们倾向于赞同后者的意见，所以非经特别说明，本书有关A轮融资、B轮融资、C轮融资的概念均概指风险投融资。

风险融资必须要有可行性，除了前述在天使投资中要考虑的重要问题外，还要考虑如下几个重要问题：

1. 选准风险融资的时机。

风险融资能否融到资金，从统计意义上说没有一定的时间点，但具体到每个项目和小微企业则有一定的规律性。通常情况下，在项目发展基本趋向稳定或已经初具效益的时候，就可以考虑进行风险融资扩大生产规模了。这时还要注意宏观经济形势，如行业发展状况、地区经济发展状况以及资本市场表现等重大影响因素，尽可能在天时、地利、人和兼备的情况下筹备融资。

2. 研究适当的风险融资策略。

凡事预则立，不预则废，中小企业要进行风险融资，也需要提前研究制定适当的融资策略，包括但不限于融资金额、拟出让股份、分期到位还是一次性到位、期权安排、对赌安排等基本问题，这些都需要经过中小企业决策层提前统筹安排，并取得有决定权的相关人员的一致意见。

3. 外围接触潜在的风险投资者。

建议和天使投资人协商，共同挑选在行业领域、投资阶段、投资经验、投资实力等方面比较可行的5~10家风险投资公司进行初步的外围考察，然后和这些公司业务人员进行接触，了解获得投资的可行性和风险投资人对本企业的支持情况。

4. 全方位了解意向的风险投资者。

有些中小企业在接触风险投资者时会有求人的感觉，容易陷入被动局面，被风险投资人掌握着谈判的主动权，其实真实情况是如果你的项目足够好，风险投资机构自然会竞相投资。所以应当在处理好前述几个问题的基础上，尽可能把主动权掌握在中小企业自己手里，如请风险投资机构到融资企业来洽谈，或借助第三方的风险投资平台同时与多家风险投资机构接触等。

5. 通过情景模拟把握细节。

这主要包括两方面的细节：一方面是风险融资过程中的细节，主要是和风险投资人接洽与谈判的细节，包括是否给予风险投资人必要的独家期，至于独家期的时间长短，建议不超过2个月为宜；另一方面是所融资金到位以及企业发展的计划安排，特别是关键节点的细节情况，如分期到位资金的到位条件、是否启动海外架构搭建、几时安排下一轮融资，等等，关键细节都要明确。

三、制订全面可行的融资计划书

对大多数风险投资公司来说，审查融资企业融资计划书的重点每轮都各有侧重，A轮融资通常强调概念，B轮融资通常强调模式验证或获利的概念，C轮融资或以后各轮的融资则侧重于强调企业规模扩张和市场机会的占先权。从内容上看，风险融资商业计划因行业、地区和企业、项目的不同而有很大的差别，这种差别性也是风险投资企业判断中小企业投资价值的重要因素，所以中小企业在制订融资计划书时一定要结合企业实际情况和发展规划，做到全面可行，要对风险投资者有吸引力和说服力。概括地看，中小企业风险融资计划书主要应包括以下内容：

1. 企业基本信息。

主要包括中小企业名称、法定代表人、地址及联系方式等工商登记基本信息，可以全面列出或摘出记载企业信用信息系统登记的企业基本信息。

2. 摘要部分。

主要包括公司的简单描述，公司的宗旨和目标（市场目标和财务目标），公司股权结构，已投入的资金及用途，公司目前主要产品或服务介绍，市场概况和营销策略，主要业务部门及业绩简介，核心经营团队，公司优势说明，目前公司为实现目标的增资需求及其原因、数量、方式、用途、偿还，中小企业融资方案（资金筹措及投资方式及退出方案）和基本财务情况，等等。

3. 中小企业详细情况介绍。

包括企业宗旨、简介，公司治理结构，各部门职能和经营目标，等等。

4. 技术与产品情况。

包括技术描述及知识产权情况，主要产品情况（产品状况、特性、目录分类、名称、规格、型号、价格等），正在开发、待开发产品简介，研发计划及时间表，无形资产（商标、知识产权、专利等）情况，产品生产情况（资源及原材料供应、现有生产条件和生产能力、扩大生产情况、主要设备情况、产品质量情况），等等。

5. 市场分析。

主要包括市场规模、市场结构与划分、目标市场的设定，产品消费群体、消费方式、消费习惯及影响市场的主要因素分析，公司产品市场状况、产品所处市场发展阶段（空白、新开发、高成长、成熟、饱和）、产品排名及品牌状况，市场趋势预测和市场机会，行业产业政策，等等。

6. 市场竞争分析。

包括有无行业垄断，市场细分视角下的竞争者市场份额，主要竞争对手情况（公司实力、产品种类、价位、特点、包装、营销、市场占有率等），潜在竞争对手情况和市场变化分析，公司产品竞争优势，等等。

7. 市场营销。

包括营销计划概述（区域、方式、渠道、预估目标、份额），销售政策的制定（以往、现行、计划），销售渠道、方式、行销环节和售后服务，主要业务关系状况（代理商、经销商、直销商、零售商、加盟者等），各级资格认定标准政策（销售量、回款期限、付款方式、应收账款、货运方式、折扣政策等），销售队伍情况及销售福利分配政策，促销和市场渗透（方式及安排、预算），产品价格方案，销售资料统计和销售纪录方式、销售周期的计算，市场开发规划（销售目标、销售预估（3～5年）销售额、占有率及计算依据），等等。

8. 融资说明。

包括资金需求说明（用量、期限），资金使用计划及进度，融资形式（贷款、利率、利率支付条件、转股—普通股、优先股、任股权、对应价格等），资金回报、偿还计划，资本结构和资产负债结构说明（每笔债务的时间、条件、抵押、利息等），抵押担保（是否有抵押、抵押品价值及定价依据、定价凭证），吸纳投资后的股权结构，投资者介入公司管理之程度说明，定期向投资者提供的报告和资金支出预算，杂费支付（是否支付中介人手续费），等等。

9. 投资报酬与退出。

主要包括股票上市、股权转让、股权回购和股利分配等手段，可在投融资协议中单独约定，也可以综合使用多种方法。

10. 风险提示。

包括但不限于技术风险，资源（原材料、供应商）风险、市场风险、研发风险、生产不确定性风险、财务风险、成本控制风险、竞争风险、政策法律风险、财务风险（应收账款、坏账）、管理风险（含人事、人员流动、关键雇员依赖）和破产风险，等等。

11. 企业管理。

包括企业组织结构，管理制度及劳动合同，人事计划（配备、招聘、培训、考核），薪资、福利方案，股权分配和认股计划等。

12. 经营预测。

包括融资到位后3～5年企业销售数量、销售额、毛利率、成长率、投资报酬率预估及计算依据等。

13. 财务分析。

主要包括财务分析说明，财务数据（销售收入、成本费用、薪金水平、固定资产、资产负债、利润及利润分配明细、现金流量表）预测，财务盈利能力指标〔财务内部收益率（FIRR）、投资回收期（Pt）、净现值（NPV）、投资利润率、投资利税率、资本金利润率）分析，财务不确定性分析（盈亏平衡分析、敏感性分析、概率分析），融资项目清偿能力指标（资产负债率、流动比率、速动比率、固定资产投资借款偿还期〕分析，等等。

14. 附录部分。

主要是公司支撑或证明，说明上述分析报告和计划的文件资料，如企业营业执照复印件（加盖企业公章），董事会、核心管理团队、主要经营团队成员名单及简历，专利证书、生产许可证、鉴定证书等，注册商标，等等。

四、配合投资人做好调查评估

投资人除了依靠其自身的工作经验外，通常还要依托专业财务审计人员和律师对拟投资项目和企业进行专业的调查评估，第三方调查报告和结论对融资成功与否至关重要，融资企业应当高度重视，本着实事求是的原则配合投资人及其聘请的财务审计人员、法律尽职调查人员做好有关调查评估工作。

配合调查评估主要是根据投资人及其聘请的专业机构和人员的要求，提供相关资料，进行面谈等，同时要重点完善以下资料信息，并确保其真实可信：一是企业的基本情况；二是企业的基本业务情况；三是企业的财务情况；四是企业的重大资产负债情况；五是企业的重大债权债务信息；六是企业的人力资源情况；七是企业的税务情况；八是企业的环境保护情况；九是企业涉及诉讼、仲裁或行政处罚的基本情况；十是投资人及其聘请的专业机构和人员需要了解的其他情况。

五、做好融资后企业股权和治理结构安排

风险投资人承担风险进行投资的主要目的是追求高额回报，为了防止投资失败，自然会追求投资企业的控制权。融资方借用外部资金的主要目的是为了实现企业规模和市场占有率的快速扩张，但这通常不以放弃企业控制权为前提。为此，投融资双方要对融资后企业股权做出妥当安排，这也是融资协议的核心内容之一。

融资方在与风险投资机构进行实质性接触时，要固守己方对企业股权安排的底线，尽可能安排风险投资机构进行参股，而不是控股。参股可以选择普通股、优先股和可转换公司债券等形式，在可能的情况下，融资方要保持对企业的股权控制，并在董事、监事席位分配和董事会、监事会中有一定的优先权和控制优势，明确对企业经营管理层和重大事项的决定权。

融资企业还要注意对风险投资机构参与中小企业决策及协助经营管理的范围与程度进行协商确认，要根据企业发展的不同阶段进行原则性设定，尽可能继续保持对公司的控制权，并对后续具体协商做好制度安排。融资企业要通过掌握企业股东会、董事会和委托企业核心管理团队成员来掌握主动权，确保融资后企业保持既定的发展方向。

为了规范融资行为，融资企业在必要时宜聘请律师、会计师和发展顾问参与其中，尽可能满足风险投资机构的要求，并通过风险投资机构推荐或委派专业人

员加入企业董事会或提供企业高级管理人员来实现企业经营管理的现代化和市场化。还要协商风险投资机构参与企业的经营管理，协助企业进行产品开发和市场开发，重点以市场开发为主。融资企业应利用风险投资机构在市场研究、生产规划、经营战略、财务、法律、金融、投资等方面的专业人才和专业优势，特别是其广泛的社会关系网络，为创业企业提供管理咨询和市场拓展服务，帮助企业建立规范的管理体系，包括完善企业公司治理结构、优化管理团队，适时更换经营管理班子。

第四节 股权众筹融资

股权众筹是指中小企业通过互联网融资平台或其他定向联系方式，面向以自然人为主的投资者出让一定比例的股份，投资者通过认购普通股份或特别股份出资入股中小企业，中小企业所有者保持对企业的控制权，投资者实现其获取收益的主要目的，企业实现外部融资的一种新型融资制度安排。中小企业或高新技术项目所有人要进行股权众筹融资，可以借鉴前述天使投融资和风险投融资的操作思路，同时又要根据股权众筹的特点，设计好众筹的基本范式，签订规范的股权众筹协议，并做好投资收益分配和股权退出等重要制度安排。

一、围绕股权众筹目的设计众筹范式

目前众筹更多的、也更容易推出的是产品众筹、公益众筹、收益型众筹、农业众筹等品种，股权众筹相对比较复杂，成功率也比较低，更需要进行全面的范式设计。在进行中小企业股权众筹范式设计时，需要重点考虑下列五类因素或事项：

1. 股权众筹项目成功率并不高，不能有志在必得的心态。

如截止到2014年底，国内知名的股权众筹平台原始会已上线3 000多个项目，成功完成股权众筹的只有14个，成功率尚不足千分之五。另一个知名的股权众筹平台大家投项目成功率相对较高，成功率也只有30%左右。所以，进行股权众筹设计时既要认真对待，又不能抱定非众筹不做的心态，也可以同时考虑天使融资和风险融资，确保企业的融资目的得以顺利实现。

2. 顺应潮流，争取政策支持。

2014年以来，国务院常务会议多次要求进一步采取有力措施，缓解企业融资难、融资成本高企的问题。会议还要求建立资本市场小额快速再融资机制，并明确提出要开展“股权众筹融资试点。”可以肯定的是，国家和地方政府都会陆续制定一系列的股权众筹的支持政策，拟融资中小企业应当及时关注相关信息渠道，及时积极申请政策支持。

3. 众筹资金与众筹资源并重。

如前所述，天使融资和风险融资的中小企业和高新技术项目所有人通常会非常看重投资人的资源，特别是行业资源和市场资源。股权众筹相对来说投资者人数众多，而且投资人来源也非常多元化，融资企业很容易形成只重视资金和企业控制权，不太关注投资人其他资源的片面思维。其实，不论是自然人投资者还是机构投资者，既然加入到股权众筹企业，自然会认同企业的融资计划和企业发展前景，也会在不违反政策法律的前提下为企业发展贡献力量。所以好的股权众筹是既要吸引投资者的货币资金，也要以适当的方式引导投资者为企业发展贡献力量，包括但不限于智力支持、市场开发支持等多种外部资源支持。

4. 因企制宜地选择众筹范式。

目前，股权众筹操作范式比较多，不同的中小企业要因企制宜地选择最适合操作的股权众筹范式，考虑把多种因素融到股权众筹范式之中。如：考虑选择实体的众筹咖啡馆等股权众筹平台还是互联网股权众筹平台？是通过熟人向股权投资者分别介绍还是借助股权众筹平台进行统一的路演介绍？股权众筹凭证是设计成认筹证、股权证，还是其他凭证？是股权分配采取认购比例配股、认购优先配股模式还是其他模式？总之，只要不违反法律法规的强制性规定，都可以与股权众筹平台或相关服务中介进行协商，设计出适合本企业的股权众筹产品。

5. 探讨确定股权众筹领投人或召集人。

股权众筹的投资者大都是普通投资者，但也可以借鉴天使投资的经验，引入某个或某些有影响力的投资者作为领投人或召集人，通过他们的行业资源和影响力吸引众多的投资者投资融资企业。对领投人，融资企业也要通过股权众筹平台或相关中介机构考察其行业经验、管理能力、行业资源和影响力以及风险承受能力，并通过优先股权安排等途径约定其利益分成情况，保证其能够为我所用、愿意为我所用。

二、制订规范的股权众筹协议

股权众筹协议主要分为融资企业直接组织的股权众筹投资协议和由股权众筹平台组织的股权众筹委托投资协议，后者除了增加了委托方的管理职能及其相关权利义务内容外，针对融资中小企业和投资人的基本权利义务约定都是大同小异的，在此仅列举一般股权众筹投资协议的主要内容供参考使用。

（1）股权众筹协议的签署时间、地点。建议在协议标题下方直接列明，如“本股权众筹协议由以下双方于某年某月某日在某地签署。”

（2）协议的签约方。包括自然人姓名、身份证号码，单位名称、营业执照号码，住址、通讯地址、联系人、联系方式等基本信息。

（3）目的条款。又称鉴于条款，明确签约目的，概述融资计划，明确投资金额，指出签约方系平等、自愿协商订立的本股权众筹协议。

（4）投资方权利义务。包括但不限于投资金额、资金投入时点、资金回报和利润分配安排、股权性质及股权转让安排、股权退出和企业破产清算安排等主要内容。

（5）融资方权利义务。包括但不限于保证所融资金用于约定的投资项目、企业和项目管理责任、股权回购与上市安排、股权转让与企业破产清算安排等主要内容。

（6）协议文本说明条款。包括但不限于规定本股权众筹协议是最新文本，将取代在此之前达成的任何书面或口头的股权众筹协议。除非在本股权众筹协议生效后双方以书面的形式签订补充协议，否则本股权众筹协议所载条款不能更改。还可以规定清洁文本条款，明确本股权众筹协议是清洁文件，任何修改或批注均不产生法律效力等。

（7）争议解决条款。通常规定产生的争议由双方协商解决，协商结果可另行制定补充协议，补充协议与本股权众筹协议具有同等效力。协商不成的，提交双方约定的仲裁委员会仲裁，或提交人民法院裁决。

（8）生效条款。即规定股权众筹协议的生效条款，通常是经投融资双方签字盖章后生效，还要规定股权众筹协议的文本份数，以及各方执有的文本份数，一般可规定为一式两份，双方各执壹份，具有同等法律效力。

（9）股权众筹协议签署页。建议在协议正文下面用醒目字体标注：本页下面无正文，为本股权众筹协议的签署页。签约时由单位加盖公章或合同章，自然人可加盖人名章并按手印；单位授权代表人签署时，建议由其出具授权证明文件，并由协议对方留存备查。

另外，涉及商业秘密的股权众筹，还可以设计保密条款，对参加股权众筹协议谈判或其他可能知悉协议具体内容的人员要规定必要的保密责任，或者要求其签署保密协议。同时，要根据协议的内容和推进情况决定保密内容，明确是全部保密还是部分保密；并决定保密期限，如规定长期保密还是协议实施前保密等。

三、重点考虑防范法律及操作风险

美国《乔布斯法案》（Jobs Act）设置了众筹融资的注册豁免机制，并提出了四个基本条件：一是融资者每年合计的众筹融资最高不得超过100万美元；二是年收入超过10万美元的个人可将其收入的10%用于投资；三是年收入低于10万美元的个人累计投资不超过2 000美元或其年收入的5%；四是众筹融资应当通过经纪人或资金门户进行。

我国还没有类似的法律规定，为了防范风险，中小企业可借鉴相关规定进行必要的众筹项目总体风险防范操作。如针对法律对公司人数的规定，可以采取以下措施：一是由专门的股权众筹机构负责进行众筹；二是鼓励吸纳机构投资者或企业投资，明确规定投资者总数不超过200人。目前，有些股权众筹实际突破了200人规模，我们不赞同直接突破或者通过合伙企业等形式进行间接突破，还是尊重法律的规定为妥。

同时，中小企业进行股权众筹时还要和操作平台等中介机构进行协商，要规定适格的众筹投资者，其要义是：法律法规有规定时执行规定，没有规定时可参考相关规定。通常情况下，要考虑以下条件：一是规定自然人投资者的基本门槛，如规定金融资产不低于50万元人民币，年收入不低于20万元人民币等；二是规定单个投资者的投资总额限制，为其个人总收入的5%；三是进行投资风险测评；四是实行投资风险告知制度，并让其签署已充分知悉投资风险，并自愿投资的相关说明。

在考虑中小企业自身风险的同时，也要考虑股权投资者的风险偏好，也可以研究设置比较合理的众筹条款，实行有担保的众筹项目。贷帮网袋鼠物流项目是国内第一个成功的有担保的股权众筹项目，该项目上线仅16天就有79位投资者认购了总额60万元的筹资额度。其最大特点是由第三方机构提供为期一年的担保，期间如果该项目失败，则由担保机构全额赔付投资者的投资金额。

四、考虑引入优先股安排

优先股是指依照《公司法》，在一般规定的普通种类股份之外，另行规定的其他种类股份，其股份持有人优先于普通股股东分配公司利润和剩余财产，但参与公司决策管理等权利受到限制。2014年3月21日，证监会第97号令发布了《优先股试点管理办法》，对优先股的发行和监管做了具体规定，中小企业可以按照该规定并参考相关规定进行相应的优先股制度安排。

（1）相同条款的优先股应当具有同等权利。同次发行的相同条款优先股，每股发行的条件、价格和票面股息率应当相同；任何单位或者个人认购的股份，每股应当支付相同价额。

（2）明确不发行在股息分配和剩余财产分配上具有不同优先顺序的优先股，但可以考虑发行在其他条款上具有不同设置的优先股。如可以发行强制分红优先股，同时又发行不含强制分红条款优先股的，这不属于发行在股息分配上具有不同优先顺序的优先股。

（3）发行优先股的公司除按《国务院关于开展优先股试点的指导意见》制定章程有关条款外，还应当按本办法在章程中明确优先股股东的有关权利和义务。优先股股东按照约定的股息率分配股息后，有权同普通股股东一起参加剩余利润分配的，公司章程应明确优先股股东参与剩余利润分配的比例、条件等事项。

（4）公司股东大会可授权公司董事会按公司章程的约定向优先股支付股息。公司累计三个会计年度或连续两个会计年度未按约定支付优先股股息的，股东大会批准当年不按约定分配利润的方案次日起，优先股股东有权出席股东大会与普通股股东共同表决，每股优先股股份享有公司章程规定的一定比例表决权。对于股息可累积到下一会计年度的优先股，表决权恢复直至公司全额支付所欠股息。对于股息不可累积的优先股，表决权恢复直至公司全额支付当年股息。公司章程可规定优先股表决权恢复的其他情形。

（5）安排发行人回购优先股制度。发行人回购优先股包括发行人要求赎回优先股和投资者要求回售优先股两种情况，并应在公司章程和招股文件中规定其具体条件。发行人要求赎回优先股的，必须完全支付所欠股息，但商业银行发行优先股补充资本的除外。优先股回购后相应减记发行在外的优先股股份总数。

（6）公司章程中规定优先股采用固定股息率的，可以在优先股存续期内采取相同的固定股息率，或明确每年的固定股息率，各年度的股息率可以不同。公司章程中规定优先股采用浮动股息率的，应当明确优先股存续期内票面股息率的计算方法。

（7）确保公司合法规范经营，治理机制健全，依法履行必要的信息披露义务。在具体操作时，要由公司董事会就拟发行优先股的具体方案、本次发行对公司各类股东权益的影响、发行优先股的目的、募集资金的用途及其他必须明确的事项做出决议，并提请股东大会批准。董事会决议确定具体发行对象的，董事会决议应当确定具体的发行对象名称及其认购价格或定价原则、认购数量或数量区间等，同时应在召开董事会前与相应发行对象签订附条件生效的股份认购合同。董事会决议未确定具体发行对象的，董事会决议应当明确发行对象的范围和资格、定价原则。

（8）股东大会就发行优先股进行审议，表决事项参照《优先股试点管理办法》第三十七条规定执行。发行优先股决议，须经出席会议的普通股股东（含表决权恢复的优先股股东）所持表决权的2/3以上通过。已发行优先股的，还须经出席会议的优先股股东（不含表决权恢复的优先股股东）所持表决权的2/3以上通过。非上市公众公司向公司特定股东及其关联人发行优先股的，股东大会就发行方案进行表决时，关联股东应当回避，公司普通股股东（不含表决权恢复的优先股股东）人数少于200人的除外。

（9）参照证监会《非上市公众公司监督管理办法》及有关监管指引规定的的信息披露程序和要求定期进行信息披露。披露定期报告时，应当以专门章节披露已发行优先股情况、持有公司优先股股份最多的前十名股东的名单和持股数额、优先股股东的利润分配情况、优先股的回购情况、优先股股东表决权恢复及行使情况、优先股会计处理情况及其他与优先股有关的情况，具体内容与格式执行证监会的规定。

五、做好众筹股权退出安排

公司进行股权众筹时还要一并做好股权退出的制度安排，可以借鉴天使投资和风险投资的退出机制，也可以根据股权众筹的特点设定具有本企业特色的股权退出制度安排。退出制度安排最好在公司章程或众筹协议中有明确规定，包括退出途径和操作要求等基本内容也要涵盖在内。实践中，中小企业股权众筹退出的主要途径大致包括以下几种：

（1）由风险投资（VC）接盘。与风险投资机构协商，由风险投资机构全部或部分承接众筹投资者的股权，投资者转让股权退出。

（2）由管理层回购。由中小企业的管理层对众筹股权投资者持有的股权进行收购，投资者转让股权退出。股份转让或回购通常要有一定的折让，如转让给企业创始团队或企业回购时通常折让较大，转让给下轮投资人时也有比较大的折让。

（3）新上市或借壳上市。这是最理想的退出方式，通常也会为投资者带来较大的投资回报。但上市要求比较严格，通常要求中小企业经营状况良好，财务结构健全，具有持续增长潜力，并要符合国家关于公司上市的政策、法律规定。

（4）并购退出。由外部投资者对中小企业进行收购，包括整体收购或部分收购，收购众筹股权投资者的股权通常要采取市场手段进行，但不同的企业因其章程或众筹协议不同也可能有强制要约收购的情况发生。

（5）股权转债权。即将众筹投资者的股权投资转化为债券，以保证投资者的固定收益。这中间也可以引入担保机制，进一步强化投资者的固定回报预期。

（6）破产清算。这是中小企业和投资者最不愿意看到的退出方式。股权众筹中小企业相对一般中小企业成功率大一些，但也存在着资不抵债等经营失败风险，进行破产清算是股权众筹投资者最后的退出手段。

第七章
债券融资

债券融资主要支持固定资产类投资，而且其单笔融资金额也比较大，所以长期以来一直是大型和特大型国有企业的“专利”，中小企业债券融资近几年才获准放行，衍生成为独立的债券品种。目前，我国中小企业债券融资品种主要包括公司债券、企业债券、企业票据和中小企业集合票据等。

第一节　债券融资概述

债券是政府、金融机构、工商企业等直接向社会借债筹措资金，向投资者发行，承诺按一定利率支付利息并按约定条件偿还本金的债权债务凭证，其本质是债的证明书。债券是一种有价证券，由于债券的利息通常是事先确定的，所以债券是固定利息有价证券（定息证券）的一种。在金融市场发达的国家和地区，债券可以上市流通。在我国，比较典型的政府债券是国库券，并曾存在过国债期货交易，由于管理不规范的原因，被关闭后至今还未开放，但债券上市交易是大势所趋，也是我国债券发展交易的基本趋势。

一、债券的含义和特点

债券作为一种债权债务凭证，与其他有价证券一样，也是一种虚拟资本，而非真实资本，它是经济运行中实际运用的真实资本的证书。

1. 债券的含义。

债券包含以下四层含义：

（1）债券的发行人（政府、金融机构、企业等机构）是资金的借入者；

（2）购买债券的投资者是资金的借出者；

（3）发行人（借入者）需要在一定时期还本付息；

（4）债券是债的证明书，具有法律效力。

债券购买者与发行者之间是一种债权债务关系，债券发行人即债务人，投资者（或债券持有人）即债权人。

2. 债券的特点。

债券作为一种重要的融资手段和金融工具，具有如下特征：

（1）偿还性。债券一般都规定有偿还期限，发行人必须按约定条件偿还本金并支付利息。

（2）流通性。债券一般都可以在流通市场上自由转让。

（3）安全性。与股票相比，债券通常规定有固定的利率，与企业绩效没有直接联系，收益比较稳定，风险较小。此外，在企业破产时，债券持有者享有优先于股票持有者对企业剩余资产的索取权。

（4）收益性。债券的收益性主要表现在两个方面：一是投资债券可以给投资者定期或不定期地带来利息收入；二是投资者可以利用债券价格的变动买卖债券赚取差额。

二、债券筹资的优缺点

1. 债券筹资的优点

（1）资本成本低。债券的利息可以税前列支，具有抵税作用；另外债券投资比股票投资的投资风险低，因此其要求的报酬率也较低。故公司债券的资本成本要低于普通股。

（2）具有财务杠杆作用。债券利息是固定的费用，债券持有人除获取利息外，不能参与公司净利润的分配，因而具有财务杠杆作用，在息税前利润增加的情况下会使股东的收益以更快的速度增加。

（3）所筹集资金属于长期资金。发行债券所筹集的资金一般属于长期资金，可供企业在一年以上的时间内使用，这为企业安排投资项目提供了有力的资金支持。

（4）债券筹资的范围广、金额大。债券筹资的对象十分广泛，它既可以向各类银行或非银行金融机构筹资，也可以向其他法人单位、个人筹资，因此筹资比较容易，并可筹集较大金额的资金。

2. 债券筹资的缺点

（1）财务风险大。债券有固定的到期日和固定的利息支出，当企业资金周转出现困难时，容易使产业陷入财务困境，甚至破产清算。因此筹资企业在发行债券筹资时，必须考虑利用债券筹资方式筹集资金进行的投资项目的未来收益稳定性和增长性的问题。

（2）限制性条款多，资金使用缺乏灵活性。因为债权人没有参与企业管理的权利，为了保障债权人债权的安全，通常会在债券融资合同约定各种限制性条款。这些限制性条款会影响企业资金使用的灵活性。

第二节 公司债券

一、公司债券业务的基本概念

公司债券是指公司依照法定程序发行的、约定在一定期限还本付息的有价证券。公司债券是公司债的表现形式，基于公司债券的发行，在债券的持有人和发行人之间形成了以还本付息为内容的债权债务法律关系。因此，公司债券是公司向债券持有人出具的债务凭证。

关于公司债券的概念，教科书中都基本这样定义："公司债券是公司依照法定程序发行、约定在一定期限内还本付息的有价证券"。发行债券的公司和债券投资者之间是债权债务关系，公司债券的持有人是公司的债权人，而不是公司的所有者，是与股票持有者最大的不同点。债券持有人有按约定条件向公司取得利息和到期收回本金的权利，取得利息优先于股东分红，公司破产清算时，也优于股东而收回本金。但债券持有者不能参与公司的经营、管理等各项活动。

1. 公司债券的性质。

首先，公司债券作为一种证券，它不是一般的物品或商品，而是能够证明经济权益的法律凭证。证券是各类可取得一定收益的债权及财产所有权凭证的统称，是用来证明证券持有人拥有和取得相应权益的凭证。

其次，公司债券是有价证券，它反映和代表了一定的经济价值，并且自身带有广泛的社会接受性，一般能够转让，是可流通的金融性工具。因此，从这个意义上说，有价证券是一种所有权凭证，一般应标明票面金额，证明持券人有权按期取得一定收入，并可自由转让和买卖，其本身没有价值，但它代表着一定量的财产权利。持有者可凭债券直接取得一定量的商品、货币或是利息、股息等收入。由于这类证券可以在证券市场上买卖和流通，客观上具有交易价格。

2. 公司债券发行者。

债券的发行人、债务人是公司，而不是其他组织形式的企业。这里的公司不是一般的企业，是公司化了的企业。发行公司债券的企业必须是公司制企业，即公司。一般情况下，其他类型的企业，如独资企业、合伙制企业、合作制企业都不具备发行公司债券的产权基础，都不能发行公司债券。国有企业属于独资企业，从理论上讲不能发行公司债券，但是按照有关法律法规，我国国有企业有其不同于其他国家国有企业的特别的产权特征，也可以发行债券——企业债券（不是法律上的公司债券）。不是所有的公司都能发行公司债券。发行公司债券的公司应是承担有限责任的，即有限责任公司和股份有限公司，其他类型的公司，如无限责任公司、股份两合公司等，均不能发行公司债券。

3. 发行的必要性。

债券必须由其发行人面向其投资者通过发行（issuing）才能实现。公司债券发行是指发行人通过出售自身的信用凭证——公司债券获得资金，公司债券投资者通过支付资金购买发行人的信用凭证的一种信用交易过程。从法理上讲，发行是一种要约行为，公司债券的发行人一般通过发布公司债券发行章程或者发债说明书方式进行要约；只要承认和接受要约条件并愿意支付必需资金的投资者，都可成为公司债券投资人。同时，凡是购买公司债券的投资者，都等于认可接受了要约，就必须履行要约上的义务和有权获得要约上的权益。在公司债券发行过程中，必须按照要约的基本特征，在发行章程或发债说明书上明确公司债券的发行人、发行对象、募集资金用途，以及公司债券的所有要素内容，包括发行人、发行规模、期限、利率、付息方式、担保人以及其他选择权等。因此，发行公司债券作为一种要约行为，是公司债券的出售—购买契约的签订过程。

一般地，发行包括公募和私募两种。公募发行是面向社会不特定的多数投资者公开发行，这种方式的证券发行的批准比较严格，并采取公示制度；私募发行是以特定的少数投资者为对象的发行，其审查条件相对宽松，也不采取公示制度。

4. 公司债券特征。

债券之所以是公司债券，在于公司债券的主要特征——还本付息，这是与其他有价证券的根本区别。首先，公司债券反映的是其发行人和投资者之间的债权债务关系，因此，公司债券到期是要偿还的，不是投资或者赠予，而是一种借贷关系。其次，公司债券到期不但要偿还，而且还需在本金之外支付一定的利息，这是投资者将属于自己的资金在一段时间内让渡给发行人使用的报酬。它对投资者而言是投资所得，对发行人来讲是资金成本。债券利息确定方式，主要有固定利息方式和浮动利息两种；债券付息方式，也有到期一次付息和间隔付息（如每年付息一次、每6个月付息一次）两种。

5. 期限性。

债券反映的是债权债务关系，是一种借贷行为，有借有还是债务行为的基本准则，所以确定债券的偿还期限至为重要。首先，按照金融学的一般理论，公司债券作为一种资本市场工具和一种长期资金筹集渠道，期限应在一年以上。其次，这种期限既包括公司债券的存续期限，还包括公司债券付息期限。再次，债券期限虽然是一定的，但也可以有变化。如在发行时，可在发债说明书中规定提前赎回条款、延迟兑付条款等，这些都是在“一定期限”基础上事先确定的变化。另外，在发达资本市场国家，还曾经发行过无限期公司债券，但这是一种非常特殊的债券，目前已基本不存在。

6. 要约事项。

债券发行人向投资者出售信用凭证——公司债券，获得的是属于投资者的资金，投资者支付资金获得的是公司债券凭证及凭证上表示的发行人的承诺，包括期限承诺和还本付息承诺。既是承诺，一是要事先做出，二是要明确承诺的内容。同时，作为一种要约，必须在要约文件上就要约事项做出事先约定，包括债券发行规模、期限、利率、还本付息方式和其他必选和可选事项的“事先约定”。

7. 遵循法定程序。

公司债券不管对发行公司债券的公司而言，还是对政府监管部门而言，都是一件重大的事件。对于发行人而言，发行公司债券属于向社会投资者出售信用、增加负债的重大社会融资行为，各国公司法大都规定，发行公司债券需要公司决策机构如董事会、股东大会的批准，公司经营管理层不得擅自决定发行公司债券，募集的资金也不可以用于偿还银行贷款。对于政府监管机构而言，由于发行公司债券涉及社会重大信用，对稳定社会经济秩序、维护投资者权益有重大影响，因此各国公司法也都规定，发行公司债券必须报经政府有关监管机构批准或核准，或者到政府监管机构登记、注册，否则就属于违法行为。因此，“依照法定程序”主要包含两层含义：一是需经董事会、股东大会等公司决策机构批准；二是需经政府监管部门同意。政府监管部门在同意发行公司债券的审查过程中，还通过有关法律法规在信用评级、财务审计、法律认证、信息披露等方面进行严格要求。

二、公司债券业务的特点及主要分类

1. 公司债券业务的主要特点。

公司债券业务具有以下四大特点：

（1）风险较大。债券的还款来源是公司的经营利润，但是任何一家公司的未来经营都存在很大的不确定性，因此公司债券持有人承担着损失利息甚至本金的风险。

（2）收益率较高。与收益成正比的原则，要求较高风险的公司债券通常需支付给债券持有人较高的投资收益。

（3）具有选择权。发行者与持有者之间可以相互给予一定的选择权。

（4）没有经营权。债券反映的是债权关系，不拥有对公司的经营管理权，但是可以先于股东优先享有索取利息和优先要求补偿及分配剩余资产的权利。

2. 公司债券的主要分类。

（1）按是否记名，分为记名公司债券和不记名公司债券。记名公司债券，即在券面上登记持有人姓名，支取本息要凭印鉴领取，转让时必须背书并到债券发行公司登记的公司债券。不记名公司债券，即券面上不需载明持有人姓名，还本付息及流通转让仅以债券为凭，不需登记。

（2）按分配利润依据，分为参加公司债券和非参加公司债券。参加公司债券，指除了可按预先约定获得利息收入外，还可在一定程度上参加公司利润分配的公司债券。非参加公司债券，指持有人只能按照事先约定的利率获得利息的公司债券。

(3) 按是否可提前赎回，分为可提前赎回公司债券和不可提前赎回公司债券。可提前赎回公司债券，即发行者可在债券到期前购回其发行的全部或部分债券。不可提前赎回公司债券，即只能一次到期还本付息的公司债券。

(4) 按发行目的，分为普通公司债券、改组公司债券、利息公司债券和延期公司债券。普通公司债券，即以固定利率、固定期限为特征的公司债券。这是公司债券的主要形式，目的在于为公司扩大生产规模提供资金来源。改组公司债券是为清理公司债务而发行的债券，也称为以新换旧债券。利息公司债券，也称为调整公司债券，是指面临债务信用危机的公司经债权人同意而发行的较低利率的新债券，用以换回原来发行的较高利率债券。延期公司债券，指公司在已发行债券到期无力支付、又不能发新债还旧债的情况下，在征得债权人同意后可延长偿还期限的公司债券。

(5) 按有无选择权，分为附有选择权的公司债券和未附选择权的公司债券。附有选择权的公司债券，指在一些公司债券的发行中，发行人给予持有人一定的选择权，如可转换公司债券（附有可转换为普通股的选择权）、有认股权证的公司债券和可退还公司债券（附有持有人在债券到期前可将其回售给发行人的选择权）。未附选择权的公司债券，即债券发行人未给予持有人上述选择权的公司债券。

三、公司债券的发行方式和发行条件

公司债券的发行方式有三种，即面值发行、溢价发行、折价发行。假设其他条件不变，债券的票面利率高于同期银行存款利率时，可按超过债券票面价值的价格发行，称为溢价发行。溢价是企业以后各期多付利息而事先得到补偿。如果债券的票面利率低于同期银行存款利率，可按低于债券面值的价格发行，称为折价发行。折价是企业以后各期少付利息而预先给投资者补偿。如果债券的票面利率与同期银行存款利率相同，可按票面价格发行，称为面值发行。溢价或折价是发行债券企业在债券存续期内对利息费用的一种调整。

《证券法》第十六条规定，公开发行公司债券，应当符合下列条件：①股份有限公司的净资产不低于人民币 3 000 万元，有限责任公司的净资产不低于人民币 6 000 万元；②累计债券余额不超过公司净资产的 40%；③最近三年平均可分配利润足以支付公司债券一年的利息；④筹集的资金投向符合国家产业政策；⑤债券的利率不超过国务院限定的利率水平；⑥国务院规定的其他条件。

四、公司债券转让

按照《公司法》的规定，公司债券可以转让。债券交易的价格由转让人与受让人协商约定，公司债券在证券交易所上市交易的，按照证券交易所的交易规则转让。

公司债券的转让，因记名公司债券与无记名公司债券而有所不同。记名公司债券由债券持有人以背书方式或者法律、行政法规规定的其他方式转让。记名公司债券的转让要由公司将受让人的姓名或者名称及住所记载于公司债券存根簿。无记名公司债券由债券持有人将该债券交付给受让人后，即发生转让的效力。

第三节 企业债券

一、企业债券的基本概念

企业债券是中国特有的债券形式，按照国务院 1993 年 8 月颁布实施的《企业债券管理条例》规定，“企业债券是指企业依照法定程序发行、约定在一定期限内还本付息的有价证券”。就企业债券定义本身而言，与公司债券定义相比，除发行人有企业与公司的区别之外，其他都是一样的。

（1）企业债券是中国特殊法律框架和特定体制基础下的一种制度安排，特指中国国有企业发行的债券，在理论和实践上都不具有一般性。

（2）按照有关法律法规，企业债券与公司债券有着密切关系：企业债券包含公司债券，公司债券是企业债券的一种特殊形式，公司债券首先遵循企业债券的有关法律法规，必须进一步接受关于公司债券的规范管理。

（3）企业债券在理论上与公司债券理论是一致的，企业债券运作遵循的基本规律与公司债券相同。

（4）企业债券是中国经济体制改革发展过程中的历史产物，随着中国逐步完善市场经济体制和现代企业制度，随着国有企业按照现代公司制度逐步规范，企业债券概念的内涵也在发生变化。

二、企业债券的特点及主要分类

1. 企业债券的特点。

与其他债券相比，企业债券的主要特点有三：

（1）风险性较大。企业债券的还款来源是企业的经营利润，但是任何一家企业的未来经营都存在很大的不确定性，因此企业债券持有人承担着损失利息甚至本金的风险。

（2）收益率较高。按照风险与收益对应的原则，企业债券的较高风险意味着给债券投资者较高的收益。

（3）对于某些企业债券而言，发行者与持有者之间可以给予一定的选择权，如可转换债券。

2. 企业债券的主要分类。

企业债券按不同标准可以分为很多种类。最常见的分类有以下几种：

（1）按照期限划分，企业债券可分为短期企业债券、中期企业债券和长期企业债券。根据中国企业债券的期限划分，短期企业债券期限在 1 年以内，中期企业债券期限在 1 年以上 5 年以内，长期企业债券期限在 5 年以上。

（2）按是否记名划分，企业债券可分为记名企业债券和不记名企业债券。如果企业债券上登记有债券持有人的姓名，投资者领取利息时要凭印章或其他有效身份证明，转让时要在债券上签名，同时还要到发行公司登记，那么，它就称为记名企业债券；反之，称为不记名企业债券。

（3）按债券有无担保划分，企业债券可分为信用债券和担保债券。信用债券指仅凭筹资人的信用发行的、没有担保的债券，信用债券只适用于信用等级高的债券发行人。担保债券是指以抵押、质押、保证等方式发行的债券，其中，抵押债券是指以不动产作为担保品所发行的债券，质押债券是指以其有价证券作为担保品所发行的债券，保证债券是指由第三者担保偿还本息的债券。

（4）按债券可否提前赎回划分，企业债券可分为可提前赎回债券和不可提前赎回债券。如果企业在债券到期前有权定期或随时购回全部或部分债券，这种债券就称为可提前赎回企业债券；反之，则是不可提前赎回企业债券。

（5）按债券票面利率是否变动，企业债券可分为固定利率债券、浮动利率债券和累进利率债券。固定利率债券指在偿还期内利率固定不变的债券；浮动利率债券指票面利率随市场利率定期变动的债券；累进利率债券指随着债券期限的增加，利率累进的债券。

（6）按发行方式分类，企业债券可分为公募债券和私募债券。公募债券指按法定手续经证券主管部门批准公开向社会投资者发行的债券；私募债券指以特定的少数投资者为对象发行的债券，发行手续简单，一般不能公开上市交易。

三、企业债券的发行条件和发行方式

1. 企业债券的发行条件。

根据证券交易所关于上市企业债券的规定，企业债券发行的主体可以是股份公司，也可以是有限责任公司。申请上市的企业债券必须符合以下条件：

（1）经国务院授权的部门批准并公开发行；股份有限公司的净资产额不低于人民币3 000万元，有限责任公司的净资产额不低于人民币6 000万元；

（2）累计发行在外的债券总面额不超过企业净资产额的40%；

（3）最近三年平均可分配利润足以支付债券一年的利息；

（4）筹集资金的投向符合国家产业政策及发行审批机关批准的用途；

（5）债券的期限为一年以上；

（6）债券的利率不得超过国务院限定的利率水平；

（7）债券的实际发行额不少于人民币5 000万元；

（8）债券的信用等级不低于A级；

（9）债券有担保人担保，其担保条件符合法律、法规规定；资信为AAA级且债券发行时主管机关同意豁免担保的债券除外；

（10）公司申请其债券上市时仍符合法定的债券发行条件；交易所认可的其他条件。

2. 企业债券的发行方式。

中小企业申请发行企业债券时，需要考虑发行债券的类型以及发行的条件。债券发行的条件具体包括发行额、面值、期限、偿还方式、票面利率、付息方式、发行价格、发行费用、有无担保等，根据前述分类标准，确定发行条件的同时也就确定了所发行债券的种类。适宜的发行条件可使筹资者顺利地筹集到资金、承销机构顺利地售出债券，也方便投资者做出决策。

（1）发行额。债券发行额指债券发行人一次发行债券时预计筹集的资金总量。企业应根据自身的资信状况、资金需求程度、市场资金供给情况，以及债券自身的吸引力等因素进行综合判断后再确定合适的发行额。发行额定得过高，会造成发售困难；发行额太小，又不易满足筹资的需求。

（2）债券面值。债券面值即债券表面上标出的金额，企业可根据不同认购者的需要，使债券面值多样化，既有大额面值，也有小额面值。

（3）债券的期限。从债券发行日起到偿还本息日止的这段时间称为债券的期限。企业通常根据资金需求的期限、未来市场利率走势、流通市场的发达程度、债券市场上其他债券的期限情况、投资者的偏好等来确定发行债券的期限结构。一般而言，当资金需求量较大、债券流通市场较发达、利率有上升趋势时，可发行中长期债券，否则，应发行短期债券。

（4）债券的偿还方式。按照债券偿还日期的不同，债券的偿还方式可分为期满偿还、期中偿还和延期偿还三种；按照债券偿还形式的不同，可分为以货币偿还、以债券偿还和以股票偿还三种。企业可根据自身实际情况和投资者的需求灵活做出决定。

（5）票面利率。票面利率可分为固定利率和浮动利率两种。一般地，企业应根据自身资信情况、公司承受能力、利率变化趋势、债券期限长短等决定选择何种利率形式与利率的高低。

（6）付息方式。付息方式一般可分为一次性付息和分期付息两种。企业可根据债券期限情况、筹资成本要求、对投资者的吸引力等确定不同的付息方式，如对中长期债券可采取分期付息方式，按年、半年或按季度付息等，对短期债券可以采取一次性付息方式等。

（7）发行价格。债券的发行价格即债券投资者认购新发行债券的价格。

（8）债券发行时实际支付的价格。债券的发行价格可分为平价发行（按票面值发行）、折价发行（以低于票面值的价格发行）和溢价发行（以高于票面值的价格发行）三种。选择不同发行价格的主要考虑因素是使投资者得到的实际收益与市场收益率相近，企业可根据市场收益率和市场供求情况相机抉择。

（9）发行方式。企业可根据市场情况、自身信誉和销售能力等因素，选择采取向特定投资者发行的私募方式还是向社会公众发行的公募方式，采取公开招标发行方式还是与中介机构协商议价的非招标发行方式等。

（10）是否记名。记名公司债券转让时必须在债券上背书，同时还必须到发行公司登记，而不记名公司债券则不需如此。因此，不记名公司债券的流动性要优于记名公司债券。企业可根据市场需求等情况决定是否发行记名债券。

（11）担保情况。发行的债券有无担保，是债券发行的重要条件之一。一般而言，由信誉卓著的第三方担保或以企业自己的财产作抵押担保，可以增加债券投资的安全性，减少投资风险，提高债券的吸引力，企业可以根据自身的资信状况决定是否以担保形式发行债券。

（12）发行费用。债券发行费用指发行者支付给有关债券发行中介机构和服务机构的费用。债券发行者应尽量减少发行费用，在保证发行成功和有关服务质量的前提下，选择发行费用较低的中介机构和服务机构。

第四节　企业票据

一、企业票据业务的基本概念

近年来，随着我国金融体制改革的不断深入，支付体系日益完善，非现金支付工具对现金的替代效应日益显现，票据业务也得到了快速发展，票据已成为企业主要的结算工具和重要的融资渠道。与贷款相比，票据作为企事业单位最常用的非现金支付工具，申请商业汇票承兑和贴现费用较为低廉，手续也比申请银行贷款简便，能极大节约财务成本，强化财务控制，而且有利于提高企业信用记录，树立企业诚实守信的形象，票据融资成为我国中小企业解决融资难的重要渠道。

二、企业票据业务的主要种类

1. 支票。

支票是出票人签发，委托办理支票存款业务的银行或者其他金融机构在见票时无条件支付确定的金额给收款人或持票人的票据。

支票是以银行为付款人的即期汇票，可以看作汇票的特例。支票出票人签发的支票金额，不得超出其在付款人处的存款金额。如果存款低于支票金额，银行将拒付给持票人。这种支票称为空头支票，出票人要负法律上的责任。

开立支票存款账户和领用支票，必须有可靠的资信，并存入一定的资金。支票又分为现金支票和转账支票。支票一经背书即可流通转让，具有通货作用，成为替代货币发挥流通手段和支付手段职能的信用流通工具。运用支票进行货币结算，可以减少现金的流通量，节约货币流通费用。

支票具有以下特点：使用方便，手续简便、灵活；支票的提示付款期限是自出票日起 10 天；支票可以背书转让，但用于支取现金的支票不得背书转让。

一张支票的必要项目包括："支票"字样；无条件支付命令；出票日期；出票人名称及其签字；付款银行名称及地址（未载明付款地点者，付款银行所在地视为付款地点）；付款人；付款金额。其中出票地点不是必须填写项（未载明出票地点者，出票人名字旁的地点视为出票地）。

支票又分为记名支票、不记名支票、划线支票、保付支票、现金支票、银行支票和旅游支票等基本种类。

➢ 记名支票（Cheque payable to order）。即在支票的收款人一栏写明收款人姓名，如“限付某甲”（Pay A Only）或“指定人”（Pay A Order），取款时须由收款人签章，方可支取。

➢ 不记名支票（Cheque payable to bearer）。又称空白支票，支票上不记载收款人姓名，只写“付来人”（Pay bearer）。取款时持票人无须在支票背后签章，即可支取。此项支票可凭交付而转让。

➢ 划线支票（Crossed Cheque）。即在支票正面划两道平行线的支票。与一般支票不同，划线支票非由银行不得领取票款，故只能委托银行代收票款入账。使用划线支票的目的是为了在支票遗失或被人冒领时，还有可能通过银行代收的线索追回票款。

➢ 保付支票（Certified Cheque）。指为了避免出票人开出空头支票，保证支票提示时付款，支票的收款人或持票人可要求银行对支票“保付”。保付是由付款银行在支票上加盖“保付”戳记，以表明在支票提示时一定付款。支票一经保付，付款责任即由银行承担。出票人、背书人都可免于追索。付款银行对支票保付后，即将票款从出票人的账户转入一个专户，以备付款，所以保付支票提示时，不会退票。

➢ 现金支票（Cash Cheque）。是专门制作的用于支取现金的一种支票。当客户需要使用现金时，随时签发现金支票，向开户银行提取现金，银行在见票时无条件支付给收款人确定金额的现金的票据。

➢ 银行支票（Banker's Cheque）。是由银行签发，并由银行付款的支票，也是银行即期汇票。银行代顾客办理票汇汇款时，可以开立银行支票。

➢ 旅行支票（Traveller's Cheque）。是银行或旅行社为旅游者发行的一种固定金额的支付工具，是旅游者从出票机构用现金购买的一种支付手段。

2. 银行本票。

银行本票是申请人将款项交存银行，由银行签发的承诺自己在见票时无条件支付确定的金额给收款人或者持票人的票据。银行本票按照其金额是否固定可分为不定额和定额两种。不定额银行本票是指凭证上金额栏是空白的，签发时根据实际需要填写金额（起点金额为 5 000 元），并用压数机压印金额的银行本票。定额银行本票是指凭证上预先印有固定面额的银行本票，面额为 1 000 元、5 000 元、10 000 元和 50 000 元，其提示付款期限自出票日起最长不得超过 2 个月。

银行本票的业务特点是：见票即付，当场抵用，付款保证程度高，适用于同一票据交换区域内的单位和个人的款项结算。

银行本票在使用时应注意以下几点：

(1）银行本票可以用于转账，填明“现金”字样的银行本票也可以用于支取现金，现金银行本票的申请人和收款人均为个人。

(2）银行本票可以背书转让，填明“现金”字样的银行本票不能背书转让。

(3）银行本票的提示付款期限自出票日起2个月。

(4）在银行开立存款账户的持票人向开户银行提示付款时，应在银行本票背面“持票人向银行提示付款签章”处签章，签章须与预留银行签章相同。未在银行开立存款账户的个人持票人，持注明“现金”字样的银行本票向出票银行支取现金时，应在银行本票背面签章，记载本人身份证件名称、号码及发证机关。

(5）银行本票丧失，失票人可以凭人民法院出具的享有票据权利的证明，向出票银行请求付款或退款。

3. 银行汇票。

银行汇票是汇款人将款项交存当地出票银行，由出票银行签发的，由其在见票时，按照实际结算金额无条件支付给收款人或持票人的票据。银行汇票具有使用灵活、票随人到、兑现性强等特点，适用于先收款后发货或钱货两清的商品交易。

银行汇票的主要内容包括：收款人姓名或单位；汇款人姓名或单位；签发日期（出票日)；汇款金额、实际结算金额、多余金额；汇款用途；兑付地、兑付行、行号；付款日期。

与其他银行结算方式相比，银行汇票结算方式具有如下特点：

(1）适用范围广。银行汇票银行汇票既可以用于转账结算，也可以支取现金，是目前异地结算中较广泛采用的一种结算方式。凡是各单位、个体经济户和个人需要在异地进行商品交易、劳务供应和其他经济活动及债权债务的结算，都可以使用银行汇票。

(2）票随人走，钱货两清。实行银行汇票结算，购货单位交款，银行开票，票随人走；购货单位购货给票，销售单位验票发货，一手交票，一手交货；银行见票付款，这样可以减少结算环节，缩短结算资金在途时间，方便购销活动。

(3）信用度高，安全可靠。银行汇票是银行在收到汇款人款项后签发的支付凭证，因而具有较高的信誉，银行保证支付，收款人持有票据，可以安全及时地到银行支取款项。而且，银行内部有一套严密的处理程序和防范措施，只要汇款人和银行认真按照汇票结算的规定办理，汇款就能保证安全。一旦汇票丢失，如果确属现金汇票，汇款人可以向银行办理挂失，填明收款单位和个人，银行可以协助防止款项被他人冒领。

(4）使用灵活，适应性强。实行银行汇票结算，持票人可以将汇票背书转让给销货单位，也可以通过银行办理分次支取或转让，另外还可以使用信汇、电汇或重新办理汇票转汇款项，因而有利于购货单位在市场上灵活地采购物资。

(5) 结算准确，余款自动退回。一般来讲，购货单位很难准确确定具体购货金额，因而出现汇多用少的情况是不可避免的。在有些情况下，多余款项往往长时间得不到清算，从而给购货单位带来不便和损失。而使用银行汇票结算则不会出现这种情况，单位持银行汇票购货，凡在汇票的汇款金额之内的，可根据实际采购金额办理支付，多余款项将由银行自动退回。这样可以有效地防止交易尾欠的发生。

4. 商业汇票。

商业汇票是指由付款人或收款人（或承兑申请人）签发，由承兑人承兑，并于到期日向收款人或被背书人支付款项的一种票据。所谓承兑，是指汇票的付款人愿意负担起票面金额的支付义务的行为，通俗地讲，就是它承认到期将无条件地支付汇票金额的行为。商业汇票按承兑人的不同，可以分为商业承兑汇票和银行承兑汇票两种。商业承兑汇票是指由存款人签发，经付款人承兑，或者由付款人签发并承兑的汇票；银行承兑汇票是指由付款人或承兑申请人签发，并由承兑申请人向开户银行申请，经银行审查同意承兑的汇票。

国际贸易的交收通常涉及出口商向进口商开出一组的票据，称商业汇票，一式若干份。出口商分别发送汇票以免寄失。进口商需要接受票据才能拿到货物。票据一旦被进口商接受，出口商便可以到银行兑现。

(1) 商业汇票的当事人。

商业汇票一般有三个当事人，即出票人、收款人和付款人。

➢ 出票人。工商企业需要使用商业汇票时，可成为出票人。商业汇票与银行汇票的主要区别是：银行汇票的出票人是银行，商业汇票的出票人是工商企业。

➢ 收款人。即商业汇票上实际载明的收取汇票金额的人。主要有以下两种情况：第一种情况，如果出票人是基础关系中的债务人，收款人应当是其相对债权人；该债权人收到票据后，向与出票人有资金关系的其他工商企业或银行提示承兑，该债权人即可凭票据在规定日期收取款项。第二种情况，如果出票人是基础关系中的债权人，那么出票人应当是收款人。在这种情况下，出票人作为债权人向其相对债务人签发汇票，再由该债务人向其开户银行提示承兑（并供应充足资金）后，再将汇票还给出票人；原出票人可在规定日期持票通过银行收取债务人的票面金额。

➢ 付款人。即对商业汇票金额实际付款的人。其有以下两种情况：第一种情况，在出票人是债务人时，其相对债权人成为票据收款人，相对债权人可持票向出票人的开户银行提示承兑，由该银行从出票人的银行存款中代为付款，出票人是实际付款人；或者根据与出票人的约定，该债权人向与出票人有资金关系的其他工商企业提示承兑，该工商企业向该债权人付款并成为实际付款人。第二种情况，在出票人是债权人时，其相对债务人收到票据后，可持票向其开户银行提示承兑并供应充足的资金，由该银行从该债务人的银行存款中向出票人代为付款，该债务人是实际付款人。

（2）商业汇票的特点。

商业汇票结算是指利用商业汇票来办理款项结算的一种银行结算方式。与其他银行结算方式相比，商业汇票结算具有如下特点：

➢ 与银行汇票等相比，商业汇票的适用范围相对较窄，各企业、事业单位之间只有根据购销合同进行合法的商品交易，才能签发商业汇票。除商品交易以外，其他方面的结算，如劳务报酬、债务清偿、资金借贷等不可采用商业汇票结算方式。

➢ 与银行汇票等结算方式相比，商业汇票的使用对象也相对较少。商业汇票的使用对象是在银行开立账户的法人。使用商业汇票的收款人、付款人以及背书人、被背书人等必须同时具备两个条件：一是在银行开立账户，二是具有法人资格。

➢ 商业汇票可以由付款人签发，也可以由收款人签发，但都必须经过承兑。只有经过承兑的商业汇票才具有法律效力，承兑人负有到期无条件付款的责任。商业汇票到期，因承兑人无款支付或其他合法原因，债务人不能获得付款时，可以按照汇票背书转让的顺序，向前手行使追索权，依法追索票面金额；该汇票上的所有关系人都应负连带责任。商业汇票的承兑期限由交易双方商定，一般为 3 个月至 6 个月，最长不得超过 6 个月，属于分期付款的应一次签发若干张不同期限的商业汇票。

➢ 未到期的商业汇票可以到银行办理贴现，从而使结算和银行资金融通相结合，有利于企业及时补充流动资金，维持生产经营的正常进行。

➢ 商业汇票在同城、异地都可以使用，而且没有结算起点的限制。

➢ 商业汇票一律记名并允许背书转让。商业汇票到期后，一律通过银行办理转账结算，银行不支付现金。商业汇票的提示付款期限自汇票到期日起 10 日内。

（3）商业汇票的必备要素。

商业汇票应具备以下要素，并符合相应的规范：

➢ 表明“商业承兑汇票”或“银行承兑汇票”字样。

➢ 无条件支付的委托。

➢ 确定的金额，票据金额以中文大写和数码同时记载，二者必须一致，不一致的票据无效。

➢ 收款人名称与付款人名称不能相同，其开户银行可以相同也可以不同。

➢ 商业汇票的出票日期必须是中文大写，且到期日与出票日间隔最长不超过 6 个月。

➢ 签章，出票人签章不符合规定则签章无效。单位在票据上的签章，应为该单位的财务专用章或者公章，加其法定代表人或其授权代理人的签名或者盖章。商业承兑汇票的承兑人在票据上的签章应为其预留银行的签章；银行承兑汇票的承兑人签章应为经批准使用的该银行汇票专用章，加其法定代表人或授权经办人的签名或盖章。银行用公章进行承兑的，亦应承担票据责任。承兑人签章不符合有关规定，其签章无效，但不影响其他符合规定签章的效力。

商业汇票上的记载事项应当真实，不得伪造、变造；票据上有伪造、变造签章的，不影响票据上其他真实签章的效力。票据上其他记载事项被变造的，在变造之前签章的人，对原记载事项负责；在变造之后签章的人，对变造之后的记载事项负责；不能分清的，视同在变造之前签章。票据金额、日期、收款人名称不得更改，更改的票据无效。对于其他记载事项，原记载人可以更改，更改时应由原记载人签章证明。银行承兑汇票的原记载人为出票企业，银行不得更改银行承兑汇票。商业汇票的流通应当在规定的区域内进行，限定流通区域的票据，只能在限定的区域内流通；注明“不得转让”字样的票据，不得背书转让，只能持票到期收款。

（4）付款期限。

商业汇票的付款期限最长不得超过6个月。定日付款的汇票付款期限自出票日起计算，并在汇票上记载具体的到期日。出票后定期付款的汇票付款期限自出票日起按月计算，并在汇票上记载。见票后定期付款的汇票付款期限自承兑或拒绝承兑日起按月计算，并在汇票上记载。商业汇票的提示付款期限，自汇票到期日起10日。

三、企业票据的发行

1. 支票的办理。

中小企业办理支票，首先应开立支票存款账户，申请人必须使用其本名，并提交证明其身份的合法证件；其次是开立支票存款账户，申请人应当预留其本人的签名式样和印鉴；最后是开立支票存款账户和领用支票，有可靠的资信，并存入一定的资金。

2. 银行本票的办理。

中小企业申请银行本票，需要满足以下条件，并遵循相关程序。

（1）申请人使用银行本票，应向银行填写银行本票申请书，填明收款人名称、申请人名称、支付金额、申请日期等事项并签章。申请人和收款人均为个人需要支取现金的，应在“支付金额”栏先填写“现金”字样，后填写支付金额。申请人或收款人为单位的，不得申请签发现金银行本票。

（2）出票银行受理银行本票申请书，收妥款项后签发银行本票。用于转账的，在银行本票上划出“现金”字样；申请人和收款人均为个人需要支取现金的，在银行本票上划去“转账”字样。出票银行在银行本票上签章后交给申请人。申请人或收款人为单位的，银行不得为其签发现金银行本票。

（3）申请人应将银行本票交付给本票上记明的收款人。收款人受理银行本票时，应审查下列事项：收款人是否确为本单位或个人；银行本票是否在提示付款期限内；必须记载的事项是否齐全；出票人签章是否符合规定，不定额银行本票是否有压数机压印的出票金额，并与大写出票金额一致；出票金额、出票日期、收款人名称是否更改，更改的其他记载事项是否由原记载人签章证明。

（4）收款人可以将银行本票背书转让给被背书人。被背书人受理银行本票时，除按照上述规定审查外，还应审查下列事项：①背书是否连续，背书人签章是否符合规定，背书使用粘单的是否按规定签章；②背书人为个人的身份证件。

（5）银行本票见票即付。跨系统银行本票的兑付，持票人开户银行可根据中国人民银行规定的金融机构同业往来利率向出票银行收取利息。

（6）在银行开立存款账户的持票人向开户银行提示付款时，应在银行本票背面“持票人向银行提示付款签章”处签章，签章必须与预留银行签章相同，并将银行本票、进账单送交开户银行。银行审查无误后办理转账。

（7）未在银行开立存款账户的个人持票人，凭注明“现金”字样的银行本票向出票银行支取现金的，应在银行本票背面签章，记载本人身份证件名称、号码及发证机关，并交验本人身份证件及其复印件。持票人对注明“现金”字样的银行本票需要委托他人向出票银行提示付款的，应在银行本票背面“持票人向银行提示付款签章”处签章，记载“委托收款”字样、被委托人姓名和背书日期以及委托人身份证件名称、号码、发证机关。被委托人向出票银行提示付款时，也应在银行本票背面“持票人向银行提示付款签章”处签章，记载证件名称、号码及发证机关，并同时交验委托人和被委托人的身份证件及其复印件。

（8）持票人超过提示付款期限不能获得付款的，在票据权利时效内向出票银行做出说明，并提供本人身份证件或单位证明，可持银行本票向出票银行请求付款。

（9）申请人因银行本票超过提示付款期限或其他原因要求退款时，应将银行本票提交到出票银行，申请人为单位的，应出具该单位的证明；申请人为个人的，应出具该本人的身份证件。出票银行对于在本行开立存款账户的申请人，只能将款项转入原申请人账户；仅对现金银行本票和未在本行开立存款账户的申请人，才能退付现金。

（10）银行本票丧失，失票人可以凭人民法院出具的其享有票据权利的证明，向出票银行请求付款或退款。

3. 银行汇票的办理。

银行汇票一式四联，第一联为卡片，为承兑行支付票款时做付出传票；第二联为银行汇票，与第三联解讫通知一并由汇款人自带，在兑付行兑付汇票后此联做联行往来账付出传票；第三联为解讫通知，在兑付行兑付后随报单寄签发行，由签发行做余款收入传票；第四联是多余款通知，在签发行结清后交汇款人。

单位和个人各种款项的结算均可使用银行汇票。银行汇票可以用于转账，填明“现金”字样的银行汇票也可以用于支取现金。申请人或者收款人为单位的，不得在银行汇票申请书上填明“现金”字样。

办理银行汇票要按要求填写汇票申请书，加盖预留印鉴。对于现金汇票，应注明“现金”字样。在收款时，应填写进账单，连同银行汇票（加盖预留印鉴）和解讫通知一并送交开户银行办理收款。

办理银行汇票退款时，申请人应备函向出票行说明原因，按规定提交证明或身份证件。同时，交回汇票和解讫通知。

办理现金汇票挂失时，收款人应到兑付行或签发行申请办理有关挂失手续。在具体办理时，应填写挂失申请书，注明“挂失”字样。之后，将已填写好的挂失申请书提交银行。对于已填写了收款单位或个体经济户名称的转账汇票，银行不办理挂失手续，但兑付行和签发行可协助防范风险。银行汇票丢失后，失票人可凭法院出具的有关证明，向出票银行请求付款或退款。

4. 商业汇票的办理。

（1）商业汇票的业务流程。

中小企业办理商业汇票，需要满足以下条件，并遵循相关程序。

➢ 出票。商业承兑汇票的出票人为在银行开立存款账户的法人以及其他组织。银行承兑汇票的出票人为在承兑银行开立存款账户的法人以及其他组织。

➢ 商业汇票的承兑。商业汇票可在出票时向付款人提示承兑后使用，也可在出票后先使用再向付款人提示承兑。付款人拒绝承兑的，须出具拒绝承兑证明。

➢ 付款。商业汇票的提示付款期限，自汇票到期日起10日。持票人应在提示付款期限内通过开户银行委托收款或直接向付款人提示付款。持票人依照规定提示付款的，付款人必须在当日足额付款。商业汇票的付款期限最长不得超过6个月。

（2）业务办理注意事项。

办理商业汇票必须注意下列事项：

➢ 办理商业汇票必须以真实的交易关系和债权债务关系为基础，出票人不得签发无对价的商业汇票用以骗取银行或其他票据当事人的资金。

➢ 商业汇票的出票人应为在银行开立存款账户的法人以及其他组织，与付款人（即承兑人）具有真实的委托付款关系，并具有支付汇票金额的可靠资金来源。

➢ 签发商业汇票必须依《支付结算办法》第78条规定，详细记载必须记载事项。

➢ 我国目前使用的商业承兑汇票和银行承兑汇票所采用的都是定日付款形式，出票人签发汇票时，应在汇票上记载具体的到期日。

➢ 商业汇票可以在出票时向付款人提示承兑后使用，也可以在出票后先使用再向付款人提示承兑。商业承兑汇票和银行承兑汇票的持票人员均应在汇票到期日前向付款人提示承兑。承兑不得附有条件。

➢ 商业汇票的持票人向银行申请贴现时，必须提供与其直接前手之间的增值税发票和商品发运单据复印件，贴现银行办理转贴现，凭发运单据复印件。计算贴现利息时，承兑人在异地的，贴现、转贴现和再贴现的银行应另加3天的划款日期。

➢ 商业汇票的票款结算一般采用委托收款方式。商业汇票的提示付款期，自汇票到期日起10日。持票人应在提示付款期内通过开户银行委托收款或直接向付款人提示付款。对异地委托收款的，持票人可匡算邮程，提前通过开户银行委托收款。

四、企业票据业务所涉及的法律规制

1. 关于支票。

中小企业办理支票需遵守以下法律规范：

（1）支票一律记名，转账支票可以背书转让。

（2）支票提示付款期为10天，从签发支票的当日起，到期日遇例假顺延。

（3）支票签发的日期、大小写金额和收款人名称不得更改，其他内容有误，可以划线更正，并加盖预留银行印鉴证明。

（4）支票发生遗失，可以向付款银行申请挂失；挂失前已经支付，银行不予受理。

（5）出票人签发空头支票、印章与银行预留印鉴不符的支票、使用支付密码但支付密码错误的支票，银行除将支票做退票处理外，还要按票面金额处以5%但不低于1 000元的罚款。

2. 关于银行本票。

与汇票支票相同，本票本意是代表典型之信用证券，其最重要的作用在于它在现代商业中承担的信用担保功能。而我国《票据法》对于本票的规定与世界上许多国家和地区有所不同，其特殊之处在于：

（1）我国《票据法》第七十三条第2款规定：本法所称的本票，是指银行本票。并且在票据法未修订前，签发本票的出票人必须是经过人民银行当地分支行批准办理银行本票业务的银行机构。尽管2004年8月28日全国人大常委会新修订的票据法对此进行了调整，取消了本票业务的准入制，但是本票的出票人仍限定为银行。可见，我国没有商业本票，一般的企业单位不能签发本票。

（2）我国《票据法》第七十三条规定：本票是出票人签发的并承诺在见票时无条件支付确定金额的票据；第七十八条又规定：本票的出票人在持票人提示见票时，必须承担付款的责任；第七十九条规定：本票自出票之日起，付款期限最长不超过2个月。第八十条又规定：本票的持票人未按照规定期限提示见票的，丧失对出票人以外前手的追索权。因此，我国的本票均为见票即付的本票，不承认远期本票的效力，但与支票相比，法律对本票提示期间所做的限制比支票要小得多。

（3）我国《票据法》第七十六条规定：本票必须记载收款人名称，否则本票无效。据此规定，我国不存在无记名本票和指示本票，只有记名本票。

（4）《支付结算办法》第九十八条规定：单位和个人在同一票据交换区域需要支付各种款项，均可以使用银行本票。由此可知，我国票据只能在同一票据交换区域内使用。

（5）我国《票据法》第七十四条规定：本票的出票人必须具有支付本票金额的可靠资金来源，并保证支付。从规定的“必须”、“保证”等字眼中，可以看出立法者的意图，不保护没有合法交易关系而签发本票的效力。可见，我国在立法条文中体现出“票据使用过程的安全”的立法精神。

从以上我国本票制度的特点来看，本票在我国仅限于即期的记名银行本票，其信用功能已经丧失殆尽，仅仅是一种单纯的支付工具，与本票本旨相差甚远。

3. 关于银行汇票。

（1）银行汇票的签发和解付。银行汇票的签发和解付，只能由中国人民银行和商业银行参加“全国联行往来”的银行机构办理。跨系统银行签发的转账银行汇票的解付，应通过同城票据交换将银行汇票和解讫通知提交同城的有关银行审核支付后抵用。省、自治区、直辖市内和跨省、市的经济区域内，按照有关规定办理。在不能签发银行汇票的银行开户的汇款人需要使用银行汇票时，应将款项转交附近能签发银行汇票的银行办理。

（2）银行汇票一律记名。所谓记名，是指在汇票中指定某一特定人为收款人，其他任何人都无权领款；但如果指定收款人以背书方式将领款权转让给其指定的收款人，其指定的收款人有领款权。

（3）银行汇票无起点金额限制。根据我国《票据法》和《票据管理实施办法》，中国人民银行总行对银行结算办法进行了全面的修改、完善，形成了《支付结算办法》。新的《支付结算办法》取消了银行汇票金额起点500元的限制。

(4) 银行汇票的付款期为一个月。这里所说的付款期，是指从签发之日起到办理兑付之日止的时期。这里所说的一个月，是指从签发日开始，不论月大月小，统一到下月对应日期止的一个月。比如签发日为3月5日，则付款期到4月5日止。如果到期日遇例假日可以顺延。逾期的汇票，兑付银行将不予办理。

(5) 银行汇票申请时需注意：单位内部供应部门或其他业务部门因业务需要使用银行汇票时，应填写银行汇票请领单，具体说明领用银行汇票的部门、经办人、汇款用途、收款单位名称、开户银行、账号等，由请领人签章，并经单位领导审批同意后，由财务部门具体办理银行汇票手续。

(6) 凡是要求使用银行汇票办理结算业务的单位，财务部门均应按规定向签发银行提交银行汇票委托书，在银行汇票委托书上逐项写明汇款人名称和账号、收款人名称和账号、兑付地点、汇款金额、汇款用途（军工产品可免填）等内容，并在汇款委托书上加盖汇款人预留银行的印鉴，由银行审查后签发银行汇票。如汇款人未在银行开立存款账户，则可以交存现金办理汇票。

汇款人办理银行汇票，能确定收款人的，须详细填明单位、个体经济户名称或个人姓名。确定不了的，应填写汇款人指定人员的姓名。

(7) 交存现金办理的汇票，需要在汇入银行支取现金的，应在汇票委托书上的“汇款金额”大写栏先填写“现金”字样，后填写汇款金额。这样，银行可签发现金汇票，以便汇款人在兑付银行支取现金。企事业单位办理的汇票，如需要在兑付银行支取现金的，由兑付银行按照现金管理有关规定审查支付现金。

银行汇票委托书一式三联，其中第一联是存根，由汇款人留存作为记账传票；第二联是支款凭证，是签发行办理汇票的传出传票；第三联为收入凭证，由签发行做汇出汇款收入传票。如果申请人用现金办理银行汇票，可以注销第二联。

4. 关于商业汇票。

商业汇票（银行承兑汇票和商业承兑汇票）的持有人办理贴现须符合下述规定：

(1)《票据法》第十条规定：票据的签发、取得和转让，应当遵循诚实信用的原则，具有真实的交易关系和债权债务关系。

(2) 国务院颁布的《票据管理实施办法》第十条规定：向银行申请办理票据贴现的商业汇票持票人必须具备下列条件：A. 在银行开立存款账户；B. 与出票人、前手之间具有真实的交易关系和债权债务关系。

(3) 中国人民银行颁布的《支付结算办法》第九十二条规定，商业汇票的持票人向银行办理贴现必须具备下列条件：A. 在银行开立存款账户的企业法人以及其他组织；B. 与出票人或者直接前手之间具有真实的商品交易关系；C. 提供与其直接前手之间的增值税发票和商品发送单据复印件。

第五节 中小企业集合票据

一、中小企业集合票据业务概述

中小企业集合票据是指2个（含）以上、10个（含）以下具有法人资格的企业，在银行间债券市场以统一产品设计、统一券种冠名、统一信用增进、统一发行注册方式共同发行的，约定在一定期限还本付息的债务融资工具。中小企业集合票据募集资金应用于符合国家相关法律法规及政策要求的企业生产经营活动。不要求募集资金一定要用于具体的项目。

中小企业集合票据融资方式的成本主要包括票面利率、主承销费用和中介费用。其中，票面利率根据发行时的市场价格而定，具体受主体资质、发行规模、评级结果和市场利率影响；承销费用基本为每年0.3%～0.4%，由银行收取；中介费用主要包括评级费用、律师费用、会计师费用和托管费用、兑付费用等，此价格有较大的伸缩性，可以通过谈判进一步降低。

二、中小企业集合票据融资方式的特点及优势

1. 中小企业集合票据融资方式的基本特点。

我国中小企业票据融资具有以下明显的基本特点：

（1）注册。集合票据需在中国银行间市场交易商协会注册。

（2）金额。任一企业集合票据待偿还余额不得超过该企业净资产的40%；任一企业集合票据募集资金额不超过2亿元人民币，单支集合票据注册金额不超过10亿元人民币。

（3）期限。为支持中小企业根据实际资金需求灵活安排融资计划，法律法规未对中小企业集合票据发行期限做出硬性规定。但由于中小企业经营发展具有较大的不确定性，市场成员普遍认为，为有效控制风险，集合票据的期限不宜过长，具体产品的期限结构可由主承销商和发行企业结合市场环境协商确定。交易商协会债券市场专业委员会2009年第1号公告明确：债务融资工具期限必须为标准期限。据此，中小企业集合票据发行期限可为3个月、6个月、9个月或1年（含）以上以年为单位的整数期限。集合短期融资券期限不超过1年，集合中期票据期限不超过3年。

（4）担保。可采取多种担保方式，包括由主体信用评级为AA级及以上的担保公司承担连带保证责任、企业以其自有资产向担保机构提供抵押或质押等反担保、银行给予信贷支持等信用增级措施。

（5）效率。交易商协会鼓励创新，支持为中小企业拓宽融资渠道，项目可进入“绿色通道”注册，可以有效提高发行效率。

（6）统一管理。集合票据由主承销商统一发行，募集资金集中到统一账户，再按各发行企业额度扣除发行费用后拨付至各企业账户；债券到期前，由各企业将资金集中到统一账户，统一对债权人还本付息。

2. 融资方式优势。

作为一种新兴的融资方式，中小企业票据融资具有以下特别的优势：

（1）集合票据融资化解了单一企业因规模较小不能独立发债的矛盾，降低了融资门槛。

（2）集合票据融资对单一企业的要求较低，通过集合发债有利于提升单一企业的信用等级，降低融资成本。

（3）中小企业能在银行间债券市场融资，可极大提升企业知名度，树立良好的信用形象。

（4）相对便捷高效，中国银行间市场交易商协会鼓励创新，支持为中小企业拓宽融资渠道，项目可进入“绿色通道”注册，可以有效提高发行效率。

三、中小企业集合票据融资方式的条件和基本流程

1. 中小企业集合票据融资的条件。

发行集合票据的中小企业，是指国家相关法律法规及政策界定的非金融中小企业，其选择中小企业集合票据融资方式的基本条件为：

（1）规模要求。单个企业拟发行规模2 000万以上2亿元以下（净资产规模达到5 000万以上）。

（2）盈利要求。发券前，连续两年盈利。

（3）评级要求。任一企业主体信用评级为BBB级及以上，评级结果与发行利率具有相关性。

（4）行业要求。可获得当地政府明确支持，如财政贴息、项目补助优先支持、税收优惠、政府背景担保公司提供担保等。

2. 中小企业集合票据融资方式的基本流程。

（1）确定政府牵头部门和优惠政策。主要是通过政府部门组织协调企业，如地方政府有条件可给予费用或利息补贴。

（2）目标客户遴选。目标客户先提供公司简介及三年报表以供银行选择适合几家。

（3）确定中介服务机构。目标客户确定后，一是选择外部评级机构（如联合信用、中诚信、新世纪、大公国际等）对客户预评级（该阶段不收费）。银行和政府部门可选择担保机构以提升中小企业评级（即信用增级）。二是选择已是交易商协会会员的会计师事务所进行审计（如果企业报表已经该类事务所审计，则不用重新审计）。三是银行和政府协商确定律师。

（4）尽职调查并制作上报文件（由银行调查完成）。

（5）交易商协会审查阶段反馈沟通。

（6）取得注册通知书后发行。

（7）债券持续期内持续的信息披露。

（8）债券到期兑付。

四、中小企业集合票据涉及的法律规制

中国银行间市场交易商协会（简称交易商协会）发布的《银行间债券市场中小非金融企业集合票据业务指引》（简称《指引》），明确了中小非金融企业集合票据（简称中小企业集合票据）的产品框架、注册发行、发行规模上限、募集资金用途、偿债安排和信用增进、信用评级、投资者保护机制、信息披露、承销、后续管理、流通转让等业务规则，是中小企业集合票据产品的主要规范性文件。

（1）由于涉及2个（含）以上发行企业，因此《指引》第七条规定：参与主体之间的法律关系清晰，各企业的偿付责任明确。考虑到当前诚信环境下，各发行企业通常不愿意承担连带责任，因此允许发行企业独立负责并按负债数额享有权利，承担相应义务。这既为发行企业之间厘清法律关系留了空间，又可以避免放大单个企业风险。发行企业之间需根据承担责任的不同，明确约定彼此之间的法律关系，如连带责任、独立负责或按份责任等。

（2）《指引》在集合票据产品结构中引入了信用增进机制，体现统一信用增进的精神，并允许发行企业在不违反相关法律、法规的前提下，灵活设计具体结构。当前较具普适性的信用增进方式主要有商业化运作的第三方统一担保、票据分层。其他辅助性措施还有第三方回购、设立偿债风险准备金、自有资产抵（质）押等方式。

发行企业、信用增进机构及资金监管银行（一般由主承销商担任）还应签订相关偿债账户资金监管协议，详细约定资金偿付安排和各方权利义务。

（3）投资者保护机制。虽然投资人自行承担中小企业集合票据投资风险，

但考虑到集合票据发行主体通常信用级别较低，设立投资者保护机制尤为必要。《指引》第十条强调：企业应在集合票据发行文件中约定投资者保护机制，包括应对企业及信用增进机构主体信用评价下降或财务状况恶化、集合票据债项评级下降以及其他可能影响投资者利益情况的有效措施。

（4）交易商协会政策支持。交易商协会为中小企业集合票据发行注册提供“绿色通道”，安排专人负责集合票据初评工作；交易商协会对中小企业会费实行减免。

第八章 融资担保

我国企业融资主要是间接融资为主，银行等金融机构也主要以担保贷款等业务为主，而且对担保的要求通常比较高，特别是对中小企业融资通常要求更严格的担保条件。对中小企业融资而言，主要的担保形式有贷款担保、项目融资担保、保付业务担保等。

第一节 融资担保概述

融资担保是担保业务中最主要的品种之一，是随着商业信用、金融信用的发展需要和担保对象的融资需求而产生的一种信用中介行为。信用担保机构通过介入包括银行在内的金融机构、企业或个人这些资金出借方与主要为企业和个人的资金需求方之间，作为第三方保证人为债务人向债权人提供信用担保——担保债务方履行合同或其他类资金约定的责任和义务。

融资担保具有金融性和中介性双重属性，它通过利用第三方信用为资金供给和需求双方提供融资担保服务，以此促进双方交易的完成，属于一种特殊的金融中介服务。在开展融资担保业务过程中，信用担保机构要完成两方面的工作：一方面是对资金需求方的信用评估；另一方面是向资金供给方提供自身资信证明，取得其对自身信用保证资格和履约能力的认可。

1. 物的担保。

物的担保主要表现为对项目资产的抵押和控制上，包括对项目的不动产（如土地、建筑物等）和有形动产（如机器设备、成品、半成品、原材料等）的抵押、对无形动产（如合约权利、公司银行账户、专利权等）设置担保物权等几个方面，如债务人不履行其义务，债权人可以行使其对担保物的权利来满足自己的债权。

物的担保有以下两种形式：

（1）抵押（Mortgage）。为提供担保而把资产的所有权移转于债权人（抵押权人），但是附有一项明示或默示的条件，即该项资产的所有权应在债务人履行义务后重新移转于债务人。

（2）担保。这种形式不需要资产和权益占有的移转或者所有权的移转，而是债权人或债务人之间的一项协议。

2. 人的担保。

人的担保就是以法律协议形式做出承诺，担保人向债权人承担一定的义务。义务可以是一种第二位的法律承诺，即在被担保人（主债务人）不履行其对债权人（担保受益人）所承担义务的情况下（违约时），必须承担起被担保人的合约义务。

人的担保包括以下三种形式：

（1）项目投资者作为担保人。项目投资者通过建立一个专门的项目公司来经营项目和安排融资。

(2) 利用与项目有利益关系的第三方作为担保人。担保人可以是企业，也可以是自然人；可以是一个担保人，也可以是多个担保人联保；可以是正担保人，还可以是反担保人。

(3) 商业担保人。以提供担保作为一种赢利的手段，承担项目的风险并收取担保服务费用。商业担保人通过分散化经营降低自己的风险。商业担保人提供的担保服务是担保项目投资者在项目中或者项目融资中所必须承担的义务。这类担保人一般为商业银行、投资公司和一些专业化的金融机构，所提供的担保一般为银行信用证或银行担保。

第二节 贷款担保

一、贷款担保的基本概念

贷款担保是指银行在发放贷款时，要求借款人提供担保，以保障贷款债权实现的法律行为。贷款担保的方式有保证、抵押和质押三种，这些担保方式可以单独使用，也可以结合使用。

1. 贷款担保的审查。

贷款行应当依据有关法律、法规和银行的有关规定，严格审查担保的合法性、有效性和可靠性。

2. 贷款担保流程。

中小企业贷款担保通常要执行以下业务流程：

(1) 申请。企业提出贷款担保申请，通常是按金融机构要求由企业提出申请。

(2) 考察。担保机构对中小企业情况进行考察，主要是考察企业的经营情况、财务情况、抵押资产情况、纳税情况、信用情况、企业主情况，初步确定担保与否。

(3) 沟通。与贷款银行沟通，进一步了解银行提供的企业信息，明确银行拟贷款的金额和期限。

(4) 担保。与企业签订担保及反担保协议，办理资产抵押及登记等法律手续，并与贷款银行签订保证合同，正式与银行、企业确立担保关系。

(5) 放贷。银行在审查担保的基础上向企业发放贷款，同时向企业收取担保费用。

（6）跟踪。跟踪企业贷款使用情况和企业运营情况，通过企业季度纳税、用电量、现金流的增长或减少，最直接地跟踪考察企业的经营状况。

（7）提示。企业还贷前一个月，金融机构会预先提示，以便企业提早做好还贷准备，保证企业资金流的正常运转。

（8）解除。凭企业的银行还款单，解除抵押登记，解除与银行、企业的担保关系。

（9）记录。记录本次担保的信用情况，分为正常、不正常、逾期、坏账四个档次，为后续担保提供信用记录。

（10）归档。将与银行、企业签订的各种协议以及还贷后的凭证、解除担保的凭证等整理归档、封存，以备今后查档。

二、贷款担保的担保人分类和基本形式

贷款担保是指保证人和债权人约定，当债务人不履行债务时，保证人按照约定履行债务或者承担责任的行为。

1. 贷款担保人的条件。

根据相关政策法规，贷款担保人须符合以下规定：

（1）具有代为清偿债务能力的法人、其他组织或者公民，可以作保证人。

（2）国家机关不得为保证人，但经国务院批准为使用外国政府或者国际经济组织贷款进行转贷的除外。

（3）学校、幼儿园、医院等以公益为目的的事业单位、社会团体不得为保证人。

（4）企业法人的分支机构、职能部门不得为保证人。

（5）企业法人的分支机构有法人书面授权的，可以在授权范围内提供保证。

（6）任何单位和个人不得强令银行等金融机构或者企业为他人提供保证；银行等金融机构或者企业对强令其为他人提供保证的行为有权拒绝。

2. 贷款担保人的责任。

根据有关法律法规，贷款担保人要承担以下法律责任：

（1）同一债务有两个以上保证人的，保证人应当按照保证合同约定的保证份额，承担保证责任。没有约定保证份额的，保证人承担连带责任，债权人可以要求任何一个保证人承担全部保证责任，保证人都负有担保全部债权实现的义务。已经承担保证责任的保证人，有权向债务人追偿，或者要求承担连带责任的其他保证人清偿其应当承担的份额。

（2）保证人与债权人可以就单个主合同分别订立保证合同，也可以协议在

最高债权额限度内就一定期间连续发生的借款合同或者某项商品交易合同订立一个保证合同。

（3）一般保证的保证人在主合同纠纷未经审判或者仲裁，并就债务人财产依法强制执行仍不能履行债务前，对债权人可以拒绝承担保证责任。

（4）保证担保的范围包括主债权及利息、违约金、损害赔偿金和实现债权的费用。保证合同另有约定的，按照约定。

（5）当事人对保证担保的范围没有约定或者约定不明确的，保证人应当对全部债务承担责任。

（6）债权人与债务人协议变更主合同的，应当取得保证人书面同意，未经保证人书面同意的，保证人不再承担保证责任。保证合同另有约定的，按照约定。

（7）在合同约定的保证期间和前款规定的保证期间，债权人未对债务人提起诉讼或者申请仲裁的，保证人免除保证责任；债权人已提起诉讼或者申请仲裁的，保证期间适用诉讼时效中断的规定。

3. 贷款担保的分类。

按担保方式不同，贷款担保分为保证、抵押、质押、定金留置几种，但定金和留置较少使用。

（1）保证贷款。指按我国《担保法》规定的保证方式，以第三人承诺在借款申请小额担保贷款流程人不能偿还贷款时，按约定承担连带责任而发放的贷款。

（2）抵押贷款。指按我国《担保法》规定的抵押方式，以借款人或第三人的财产作为抵押物发放的贷款。

（3）质押贷款。指按我国《担保法》规定的抵押方式，以借款人或第三人的动产或权利作为质物发放的贷款。

第三节　项目融资担保

项目融资担保是指借款方或第三方以自己的信用或资产向贷款或租赁机构做出的偿还保证。具体分为物权担保和信用担保。

一、项目融资担保的功能、类型

1. 功能。

项目担保在项目融资中有两个作用：一是采用担保形式，项目的投资者可以避免承担全部和直接的项目债务责任，项目投资者的责任被限制在有限的项目发展阶段之内或者有限的金额之内。二是采用担保形式，项目投资者可以将一定的项目风险转移给第三方。

项目担保主要有以下几种类型：

2. 类型。

（1）直接担保。在项目融资中直接担保是指有限责任的直接担保。直接担保又分为有限金额的担保和限制时间的担保，前者以资金缺额担保为典型代表。项目在建设期和试生产期的“完工担保”是最为典型的在时间上加以限制的有限责任直接担保。

（2）间接担保。在项目融资中，间接担保是指担保人不以直接的财务担保形式为项目提供的一种财务支持。间接担保多以商业合同和政府特许权协议形式出现。最常见的间接担保是以“无论提货与否均需付款”为基础发展起来的一系列合同形式，其中包括“提货与付款”合同、“供货或付款”合同，以及“无论使用服务与否均需付款”合同。

（3）或有担保。或有担保是针对一些由于项目投资者不可抗拒或不可预测因素所造成项目损失的风险所提供的担保。或有风险的担保按其风险的性质可分成三类：针对项目由于不可抗拒因素造成的风险；针对项目的政治风险；针对与项目融资结构特性有关的并且一旦变化将会严重改变项目经济强度的一些项目环境风险。

（4）意向性担保。严格意义上的意向性担保不是一种真正的担保，因其不具备法律意义上的约束力，仅仅表现出担保人有可能对项目提供一定支持的意愿。经常采用的形式是支持信。它起到的担保作用在本质上是由提供该信的机构向贷款银行做出的一种承诺，保证向其所属机构（项目公司）施加影响以保证后者履行其对于贷款银行的债务责任。

二、项目融资的风险与防控

1. 商业风险。

商业风险是项目融资面临的主要风险。大多数商业风险属于可控制风险，可以根据项目实施情况进行风险控制。

（1）项目完工。这一阶段一般都由项目投资者进行担保，由项目投资者提供担保承诺在项目工程延期、建设成本超过预算等问题出现时为项目提供资金。

（2）生产成本控制。进入正常生产阶段后，项目的经济强度在很大程度上取决于对生产成本的控制。

(3) 产品市场。项目的销售和价格是决定项目成败的另一重要环节，因而降低市场风险是项目担保所必须面对的一个主要问题。其实现手段主要包括“无论提货与否均需付款”协议和“提货与付款”协议。

2. 政治风险。

政治风险是指由于战争、国际关系变化、政权更迭、政治变化导致项目的资产和利益受到损害甚至导致项目失败的风险。项目的政治风险表现为国际风险和国内风险两类。近年来商业担保公司也逐渐参与政治风险担保。

政治风险从某种意义上来说是一种不可抗力风险，但在项目融资中，它可以通过以下方式来减轻风险影响力：

(1) 政治风险保险。包括商业性质的保险和政府机构的稳定性保证。

(2) 在安排项目融资时，努力寻求东道国政府、中央银行、税收部门或其他有关政府机构的书面保证，承诺在税收和外汇管制等方面不采取不利于项目的措施。

(3) 由双方国家之间签订互相促进和保护投资的协议。

3. 金融风险。

项目的金融风险主要是指由于一些项目发起人不能控制的金融市场的可能变化而对项目产生的负面影响。这些因素包括汇率波动、利率上升、国际市场商品价格上涨，特别是能源和原材料价格的上升、项目产品的价格在国际市场下跌、通货膨胀、国际贸易和贸易保护主义等。对利率和汇率风险，可以通过使用金融衍生工具如套期保值技术等来分散。

三、项目融资中的担保

项目担保的步骤大致可以划分为以下四个阶段：第一，贷款银行向项目投资者或第三方担保人提出项目担保的要求，银行通常按其业务规划要求抵押担保，而且是全额的抵押担保。第二，项目投资者或第三方担保人与银行协商，考虑中小企业通常不具备抵押担保的条件，应尽量提供公司担保。如果公司担保不被接受，则需要考虑提供银行担保，并与合作银行提前沟通情况，了解银行担保的可行性。第三，在银行提供担保的情况下，项目担保成为担保银行与担保受益人的一种合约关系。第四，如果项目所在国与提供担保的银行不在同一国家时，有时担保受益人会要求担保银行安排一个当地银行作为其代理人，项目实施时，中小企业也要有这方面的安排。

第四节　保付代理与担保

一、保付代理

保理是保付代理（Factoring）的简称，也叫保收代理，是保理商（通常是银行或金融机构）向出口人提供进口人的资信调查，承担100%的信用风险，担保应收账款的催收和追偿、资金融通和财务管理的一种综合性财务服务。具体做法是：出口人事先与保理商签订保理协议，根据协议，出口人按买卖合同规定发货后，有关运输单据径直寄交进口人，而将应收账款的单据卖给保理商，由保理商通过其在进口地的代理人负责向进口人收款，保理商收到货款后，扣除一定的手续费，将货款交给出口人。

1. 保理业务的优点。

保理业务可以使中小企业实现快速融资和规避风险，具体表现在以下两方面：

（1）能够规避应收账款带来的风险。保理商（主要包括商业银行、保理公司）在核准的买方信用额度内，对没有任何商业纠纷的应收账款，可以为企业提供最高达100%的买家信用风险担保，有助于企业拓展销售业务；企业可借助银行的网络和技术优势，有效了解客户的资信情况；通过银行人才、网络和系统优势，为企业提供应收账款的管理和催收，比公司职员更及时有效地完成应收账款的变现工作，清除了坏账隐患，减少了信用调查及应收账款的开支；在无追索权的买断式保理方式下，企业可以在短期内大大降低应收账款的余额水平，从而节约应收账款的机会成本、坏账成本和管理成本。

（2）能够减轻中小企业的资金压力。针对被接受保理的应收账款，银行和保理商可以按预先约定的比率（通常为发票金额的80%）提供即时的融资。通过应收账款融资，可以迅速筹措到短期资金，以弥补临时性资金短缺，且这种融资无需增加企业负债，而且如果企业使用得当，可以循环使用银行对企业的保理业务授信额度，从而最大程度地发挥保理业务的融资功能。尤其是对于那些客户实力较强、有良好信誉而收款期限较长的企业作用尤为明显。其成本也要明显低于短期银行贷款的利息成本。

2. 保理业务的分类。

根据不同的分类标准，保理业务可以分为不同的类型。

（1）根据保理商是否对供应商享有追索权，可分为有追索权保理（Recourse factoring）与无追索权保理（Non-recourse factoring，old-line factoring）。有追索权保理指保理商凭债权转让向供应商融通资金后，如果买方拒绝付款或无力付款，保理商有权向供应商要求偿还资金，保理商具有全部追索权。严格说此种保理因缺少信用担保功能，并非严格意义上的保理业务。无追索权保理指保理商凭债权转让向供应商融通资金后，即放弃对供应商追索的权利，保理商独自承担买方拒绝付款或无力付款的风险，但无追索权只是指保理商在对债务人核准的信用额度内承担债务人的信用风险，对于超过信用额度的预付款，保理商仍享有追索权。此类保理是国际保理业务的主流，体现了保理业务坏账担保的特色。

（2）根据保理商的数量，可分为单保理和双保理。单保理指由出口保理商单独承购卖方的应收账款，进口保理商只为出口保理商承担坏账风险而不承担向买方收取货款的义务，只有在买方严重逾期不付款时，才通过一定程序负责催收。双保理是进口保理商与出口保理商共同参与完成一项保理事务的保理。国际保理中由于存在语言、文化、法律的差异和障碍，往往采用双保理形式，由进出口合同和两个保理合同将各方当事人有效地联系在一起。

此外，依在具体业务中保理商提供的服务范围，国际保理可分为完全保理和不完全保理；依保理业务项目是否包括融资，国际保理可分为融资保理与到期保理；依供应商与保理商签订保理协议后，是否应将债权转让给保理商的事实通知债务人，国际保理又可分为公开型保理和隐蔽型保理，等等。

二、保理业务的一般操作方法

保理业务的一般业务操作流程如下：

（1）企业向银行提出保理业务申请，按规定提供申请材料，银行在尽职调查的基础上决定是否做保理业务；如获批准，则按照规定程序审批保理业务授信额度。

（2）企业根据商务合同完成商品或服务交易，供应商向买方开出发票，并附带应收账款转让通知书，说明发票所代表的债权转让予银行，要求买方必须直接向银行付款。

（3）供应商在开出发票的同时将发票副本送交银行。

（4）银行根据发票金额按事先商定的比例，向供应商提供应收账款融资服务（若企业无融资需求则无此步骤），通常为应收账款金额的80%~90%，并从中扣除应收取的保理费用。

（5）银行负责向买方催收账款，并向供应商提供合同规定的销售分户账管理。

（6）待买方付款后，银行向企业支付余下的款项。

三、国际保理机制的业务流程

出口保理一般采用双保理机制。出口商对于其出口销售只需与当地的出口保理商联系。出口保理商与每一个进口国的进口保理商保持着联系，所有的业务往来都受国际保理联合会颁布的《国际保理惯例规则》的约束。出口商的应收账款由出口保理商转让给相应的进口保理商，进口保理商因而向出口保理商负责保理协议中规定的收款和风险担保。

出口保理通常采用双保理机制，包括以下四方：出口商、进口商、出口保理商、进口保理商。其具体运作步骤如下：

（1）出口商寻找有合作前途的进口商。

（2）出口商向出口保理商提出保理需求，并要求为进口商核准信用额度。

（3）出口保理商要求进口保理商对进口商进行信用评估。如进口商信用良好，进口保理商将为其核准信用额度。

（4）如果进口商同意购买出口商的商品或服务，出口商开始供货，并将附有转让条款的发票寄送进口商。

（5）出口商将发票副本交出口保理商，出口保理商通知进口保理商有关发票详情。

（6）如出口商有融资需求，出口保理商付给出口商不超过发票金额的80%的融资款。

（7）进口保理商于发票到期日前若干天开始向进口商催收。

（8）进口商于发票到期日向进口保理商付款，进口保理商将款项付出口保理商。

（9）如果进口商在发票到期日90天后仍未付款，进口保理商做担保付款。

（10）出口保理商扣除融资本息（如有）及费用，将余额付出口商。

第九章 民间融资

金融渠道虽然是我国企业融资的主渠道，但企业特别是中小企业还需要在银行贷款、资本市场融资和债券融资等正规金融渠道以外借助其他渠道进行融资，这主要包括民间借贷、典当融资和租赁融资等非主流融资形式，它们概称为民间融资。

第一节 民间融资概述

民间融资是指出资人与受资人之间，在国家法定金融机构之外，以取得高额利息与取得资金使用权并支付约定利息为目的而采用民间借贷、民间票据融资、民间有价证券融资和社会集资等形式暂时改变资金使用权的金融行为。

一、民间融资简介

民间融资是相对于国家依法批准设立的金融机构融资而言的，泛指非金融机构的自然人、企业及其他经济主体（财政除外）之间以货币资金为标的的价值转移及本息支付。正常的企业间商业信用不在民间融资范畴之内，但如果商业信用时间超出合同约定时间并收取利息或其他报酬，就可以被并入民间融资范畴。

民间金融包括所有未经注册、在央行控制之外的各种金融形式。“民间金融”的内涵一般包含在“非正式金融”中，非正式金融既包含民间金融形式，也包含一些正规金融机构的非正式产品和形式。在中国，由于民间金融的规模很大，所以有必要突出民间金融部分，而非笼统称之为非正式金融。

二、民间融资的特点

民间融资以民间性为其基本规范，主要具有以下五个方面的特点：

（1）借贷手续灵活、简便，备受急需资金者青睐。民间借贷双方一般为乡里近邻或亲朋好友，当借方需要资金时，或通过中介人或按自己意向说明资金用途、借款金额、还款能力及日期、利息，以口头或协议形式取得资金。因此，一般不需要手续，有手续的也是简单载明借贷双方、日期、还款金额或利息的简要凭据。民间借贷中一半以上是私下达成的交易，对借方来说，手续简便，在急需资金时办理非常方便，备受急需资金者青睐。

（2）利率高，弹性大，城镇乡村有差别。一般而言，民间融资城镇利率高，乡村利率低。城镇借出利率年息一般在15%～30%之间，乡村借贷利率年息一般在10%～20%之间，年利率相差5%～10%；城镇民间融资金额大，乡村民间融资金额小；城镇借贷趋向书面化，大多数需签订书面协议，协议条款包括担保人

(中介人)、借款额、利率、归还期、违约金，数额较大的还需要以房屋等实物作抵押等，而乡村因借贷互助性质居多，且多为亲戚、熟人、朋友之间发生的借贷行为，一般以口头约定为主。

(3) 民间融资增长快、规模大，融资主体多元化。调查表明，在融资规模增长的同时，融资主体也呈现多元化的特点，不仅有个人之间、个人与企业之间、企业与企业之间的融资，且出资人有工人、干部、工商个体户、企业等，甚至，参与民间融资的还有金融机构的工作人员，涉及面较广。

(4) 民间融资由“地下”“浮出水面”，逐步呈现出专业化趋势。由于民间融资的种种便利和在社会经济生活中所普遍发挥的现实作用，这一行为已在社会公众的思想观念上获得了广泛的认同，使得其逐渐由“地下”“浮出水面”。特别是一些商业银行个人委托贷款业务的推出和宏观调控措施实施后中小企业资金严重紧张，客观上促进了民间融资流动更加活跃，由过去遮遮掩掩的“地下金融活动”逐渐转向半公开或公开。

(5) 融资行为渐趋理性。由于民营中小企业的发展对民间融资的需求日益旺盛，并能提供较高的投资回报率，从而拓宽了民间融资理性选择的范围。同时，民间融资相关主体的风险意识也在不断提高，对信誉要求很高，形成了特定的民间融资市场准入制度，因此违约现象很少；另外，生产性融资比重不断上升，而利率水平也明显上升。

第二节　民间借贷

一、民间借贷简介及业务特点

民间借贷是指公民之间、公民与法人之间、公民与其他组织之间的直接借贷行为。只要双方当事人意见表示真实即可认定有效，因借贷产生的抵押相应有效，但利率不得超过人民银行规定的相关利率。民间借贷分为民间个人借贷活动和公民与金融企业之间的借贷。民间个人借贷活动必须严格遵守国家法律、行政法规的有关规定，遵循自愿互助、诚实信用原则。

1. 民间借贷业务的优势。

即使在金融严厉监管时期，我国民间借贷也一直以各种形式存在着，究其原因，及时、简便、灵活的优势是其生生不息的重要原因。

(1) 低利率互助型借贷。这种形式也就是民间常见的“帮困济贫”，主要是城乡居民、个体私营企业主之间用自有闲置资金进行的无偿或有偿的相互借贷行为。相互熟悉、相互信任的借贷双方直接见面，约定借款金额、期限、利息，由口头约定或打个借条，用于个人之间，主要是亲友之间临时性资金调剂，金额从几百元到数万元，企业之间金额由数万元到数百万元，有的民间抵押借款甚至单笔达上千万元。民间贷款公司借贷借款期限灵活，有不定期、几天、几个月，借贷双方私交好时，期限可以长达几年。互助型借贷基本不考虑盈利或只有微小利益。民间贷款的用途主要是解决生活、生产急需。

（2）条件相对较低。民间贷款普遍门槛低，显然更加适合于小企业。

（3）资金使用效率较高。银行贷款期限一般以定期形式出现，而民间贷款可以即借即还，适合小企业使用频率高的特点。民间贷款公司发放高息型借贷。这种借贷的融资主体主要是个体及民营中小企业，以关系和信誉为基础，筹措资金多用于生产资金的周转。资金相对富裕的个体户和中小企业主，在暂时没有新的资金投向的情况下，为了给闲置资金寻求新的“出路”，向一些资金匮乏且又急需资金的企业及个人提供高息借贷。这种以信用交易为特征、利率水平较高的借贷是民间抵押借款的最主要方式。这种借贷利率根据借款的主体、借款的用途、借款的时间长短、借款的急缓程度而定，大部分在商业银行同期利率4倍以内，月利率8‰~30‰。

（4）节省费用。由于民间借贷省去了公证、鉴定、验资、抵（质）押登记等手续，也就节省了不菲的中介费用。民间借贷融资正是具备了这些比较优势，日趋活跃起来。但其间也有不规范的中介借贷，这些中介公司对外公开的身份是“投资咨询”、“投资顾问”、“投资管理”、“财务管理”和“财务顾问”公司等，它们借助于正规中介机构的融资行为或以非正规中介机构为依托进行民间借贷。

（5）节省时间。按银行的正常贷款程序，企业从向银行申请贷款到获得贷款，期间大约需要一个月，即使是长期合作客户，最快也需要10天左右；而办理民间贷款一般仅需要3~5天，甚至更短的时间即可获得所需资金。

2. 民间借贷的种类。

民间借贷的主体多种多样，而且还会随着社会经济的发展而不断衍生变化。常见的民间借贷根据主体类型可分为小额贷款、第三方理财、民间借贷连锁、担保、私募基金、银企对接平台、网路借贷、金融超市、金融集团、民资管理公司、民间借贷登记中心等。除了这些传统的民间借贷形式，典当行也成为民间资本一大新的流向。

3. 民间借贷利率。

《合同法》做出了借款利率不得违反国家有关限制借款利率的规定，但中国人民银行和中国银监会等金融监管部门管理和指导的都是金融机构的利率，对于民间借贷的利率一直执行的是最高人民法院的相关司法解释。随着国家放开金融机构的借贷款利率，原来的民间借贷的利率最高不得超过同期银行贷款利率的4倍的规定已不适应新形势，2015年6月最高人民法院审判委员会第1 655次会议审议通过的《最高人民法院关于审理民间借贷案件适用法律若干问题的规定》第二十六条第一款对民间借贷利率做了明确规定，即借贷双方约定的利率未超过年利率24%，出借人请求借款人按照约定的利率支付利息的，人民法院应予支持。第二十六条第二款规定，借贷双方约定的利率超过年利率36%，超过部分的利息约定无效。借款人请求出借人返还已支付的超过年利率36%部分的利息的，人民法院应予支持。这个司法解释首次对民间借贷设定了3档利率司法处理机制，即：未超过年利率24%的民间借贷本息均受法律保护；超过年利率24%但不超过年利率36%的民间借贷，借款人自愿支付的超过年利率24%部分的利息的，人民法院不予支持其请求出借人返还该超过部分利息的主张；超过年利率36%的民间借贷，本金和超过部分的利率不受法律保护，并应依法退还借款人。

4. 民间借贷的特点。

民间借贷作为一种非正规的融资渠道，有其独有的特点：

（1）民间借贷具有灵活、方便、利高、融资快等优点，运用市场机制手段，融通各方面资金为发展商品经济服务，满足生产和流通对资金的需求。

（2）民间借贷出于自愿，借贷双方较为熟悉，信用程度较高，对社会游资有较大吸引力，可吸收大量社会闲置资金，充分发挥资金之效用。且其利率杠杆灵敏度高，随行就市，灵活浮动，资金滞留现象少，借贷手续简便，减去了诸多中间环节，提高了资金使用效率，在目前我国资金短缺的情况下，无疑是一个有效集资途径。

（3）民间借贷吸引力强，把社会闲散资金和那些本欲扩大消费的资金吸引贷放到生产流通领域，使之成为生产流通资金，在一定程度上缓解了银行信贷资金不足的压力，对抑制消费扩大亦起到一定作用。

（4）民间借贷向现行的金融体制提出了有力的挑战，与国家金融展开激烈竞争，迫其加快改革。

民间信贷在发挥积极作用的同时，也伴生一定的消极因素。实践中，首先，由于法律的不明确、体制的不完善以及认识的不统一，致使一些地方的民间借贷处于非法状态或放任失控状态，法律未确立其合法地位，因而它更多的是以地下活动或半地下活动进行的，这无疑为一些不法分子乘机进行金融诈骗活动提供了方便。其次，民间借贷虽具灵活方便的特点，但带有盲目性，风险系数极大，一旦投资于风险事业受挫，便在借贷双方和存款者之间产生连锁反应，造成社会不安定因素。再次，由于民间信贷经营者一般经营管理能力较差，亦无严密的财会、簿记制度，一旦大宗金融交易失败，就会对金融市场、生产和流通形成冲击。最后，由于民间借贷手续过于简便，一不考虑资信，二无财产担保，每每纠纷发生多无法解决，而借贷的直接现金交易，使其难以在更大范围内为商品经济服务，且有些信贷已脱离生产流通领域，一些人借机放超高利息，进行高利贷活动，这就违背了信贷宗旨，干扰了金融市场，凡此种种，都需要我们从立法上加以研究和解决。

二、关于民间借贷的其他问题

1. 民间借贷中借条与欠条的区别。

在司法实践中，自然人之间或自然人与非金融机构之间的借贷被称为民间借贷，它有别于商业贷款。在民间借贷中，借条或欠条常常扮演重要的民事法律关系凭证的角色，但借条与欠条之间在法律性质与法律效果上存在着巨大的差异，不加区分地相互混用会导致当事人合法利益难以得到法律的有效保护。

（1）是否确定以民间借贷案由审判有所区别。

借条本身就能说明当事人之间因借贷法律关系而产生债权债务关系，它是引起债权债务关系的基础法律事实。而欠条本身仅能表明当事人之间存在债权债务关系，但仅凭欠条无法明确是何基础法律关系产生的债权债务关系。借贷、交通事故、故意伤害等都可能在当事人之间因为金钱债权债务关系而产生欠条凭证，但欠条凭证却无法直接对应借贷关系。

在诉讼中，债权人据此提起诉讼，而债务人或担保人对基础法律关系的效力和履行事实提出抗辩，并有证据证明纠纷确因其他法律关系引起的，原则上按照基础法律关系审理。

借条原则上应以民间借贷的案由而审判。但欠条却不一定，要以基础法律关系而定。

（2）未约定还款期限时，借条与欠条诉讼时效起算不同。

➢ 出借人依据未约定还款期限的借条提起诉讼，从出借人要求借款人履行义务的宽限期届满之日起计算诉讼时效。在未约定还款期限的借条中，债务人归还债权人的借款的时间尚未确定，即债务人应当归还借款，但由于期限待定，所以债务人在法律上不存在归还的义务。在出借人要求借款人履行义务的宽限期届满之前，债权人也没有权利要求债务人立即还款。而诉讼时效是从权利人知道或应当知道其权利受到侵害时起算。故在未约定还款期限的借条中，只有出借人要求借款人履行义务的宽限期届满之后，债务人才有义务归还借款，债务人才有可能不履行还款义务从而侵犯到债权人的利益，从而诉讼时效起算。

➢ 出借人依据未注明还款期限的欠条提起诉讼，从出具欠条的第二天开始计算诉讼时效，但名为欠条，实为借条的按前款规定处理。欠条出具之日就已经表明借款人已经在法律上负有偿还借款的义务，借款人出具欠条后不履行还款义务就已经侵害到债权人的合法权利，应当计算诉讼时效。未约定还款期限时，出具借条时尚未计算诉讼时效，但出具欠条之日就已经开始计算诉讼时效。民间借贷诉讼时效为2年。

综上，借条与欠条一字之差却本质不同。当事人只有严格区分上述差异，才能在民间借贷中保护自己的合法权利。

2. 民间借贷风险控制。

（1）借款用途要正当，借贷关系要合法。

《民法通则》第九十条规定："合法的借贷关系受法律保护"。公平、自愿、合法是民法与合同法的基本原则。任何民事活动都要遵守法律、行政法规，尊重社会公德，不得扰乱社会经济秩序、损害社会公共利益。对于他人提出的借款要求，出借人务必首先考虑对方信用程度和偿还能力，同时，要问明对方的借款用途，决定当借不当借。如果出借人明知借款人是为了进行赌博、走私、诈骗、买卖毒品或贩卖枪支等非法活动而仍借款的，则属于违法借贷，其借贷关系不受法律保护。出借人不但得不到债权，而且还要依据有关法律予以民事制裁和行政制裁，甚至追究其刑事责任。此外，自然人之间的民间借贷必须是出于自愿，根据法律规定，一方以欺诈、胁迫等手段或者乘人之危，使对方在违背真实意愿的情况下所形成的借贷关系，应认定为无效。

（2）订立书面协议，注意妥善保存。

在现实生活中，民间借贷大多数发生在亲戚朋友之间，由于这些人平时关系比较密切，出于信任或者碍于情面，民间借贷关系往往是以口头协议的形式订立，无任何书面证据。在这种情况下，一旦一方予以否认，对方就会因为拿不出证据而陷入"空口无凭"的境地，即使诉至法院，出借人也会因无法举证而败诉。根据《最高人民法院关于人民法院审理借贷案件的若干意见》第四条规定，人民法院审查借贷案件时，应要求原告提供书面证据；无书面证据的，应提供必要的事实证据。对于不具备上述条件的起诉，裁定不予受理。由此可见，出借双方订立书面协议是大有必要的。出借双方订立书面协议时，协议上应载明出借人和借款人的姓名（以户口本或者居民身份证为准）、借款用途、借款金额（大小写一致）、币种（人民币还是外币）、借款时间和还款时间（标明某年某月某日）、还款方式和违约责任等内容。如果是有利息的借款，协议上必须写清利率。为了保护出借人的合法权益，出借人必须注意妥善保存书面协议等证据，以便日后发生纠纷时有所凭据。

（3）提前还款要说清支付利息事项。

在借款合同中，人们都知道借款人不还款是违约行为，实际上，借款人提前还款也构成违约。《合同法》第二百零八条规定："借款人提前偿还借款的，除当事人另有约定的以外，应当按照实际借款期间计算利息。"这一规定使借款人的提前还款行为有了法律依据。但是，借款人提前还款以及利息的计算问题需要双方在签订协议时就说清楚。此外，《合同法》第二百一十一条第一款规定："自然人之间的借款合同对支付利息没有约定或者约定不明确的，视为不付利息。"这一规定自然对出借人不利，也容易使出借双方产生矛盾。因此，民间借贷对是否支付利息、利率具体多少等问题都必须清楚地写在协议中。

（4）借款利息不得在本金中扣除。

借款的数额和利息是借款合同需要规定的主要内容，当事人在订立借款合同时一般要对借款数额和利息的多少及支付期限做出明确的约定。一般来说，借款利息是在借款期限届满时或者合同履行期间按照约定分批偿付给贷款人的。但是，现实中有的贷款人为了确保利息的收回，在提供借款时就将利息从本金中扣除，造成借款人借到的本金实质上为扣除利息后的数额。比如，借款人向贷款人借款500万元，到期应当向贷款人支付的利息为15万元，贷款人在提供借款时就直接将利息扣除，仅向借款人支付485万元借款。这种做法一方面使贷款人的利息提前收回，减少了借款的风险，但另一方面却损害了借款人的合法利益，使借款人实际上得到的借款少于合同约定的借款数额，影响其资金的正常使用，加重了借款人的负担，容易引起借贷双方当事人的纠纷。为了解决借款实践中出现的问题，防止贷款人利用优势地位订立不公平的借款合同，《合同法》第二百条明确规定，贷款人在提供借款时不得预先将利息从本金中扣除。如果贷款人违反法律规定，仍在提供借款时将利息从本金中扣除的，那么，借款人只需按照实际借款数额向贷款人支付利息就可以了。比如，上面例子中的借款人实际只得到了485万元的借款，那么，其借款数额即为485万元，借款人只需向贷款人返还485万元的本金并支付按照485万元本金计算的利息。

（5）注意诉讼时效。

民间借贷由于大部分发生在亲朋好友之间，很多人并没有对它给予应有的重视。孰料，一些无赖之徒正好钻了这个空子，采取赖账、久拖、回避的方式，以逃避债务。在此提醒读者：还款期限届满之日起2年，是法律规定的诉讼时效。

（6）处理纠纷方式灵活。

处理民间借贷纠纷的方式包括协商、调解、仲裁和诉讼等。这里特别需要推介的是第四种方式——诉讼，它特指法定的一种简易程序，也即督促程序。1991年修改的民事诉讼法增设了该程序。依照法律规定，对于事实比较清楚、数额不大的债权债务关系，债权人可以向法院申请支付令，直接要求债务人偿还债务。而在规定的时间内，债务人如无异议，支付令则发生法律效力。债务人如若不履行还款义务，法院可以施行强制执行。

第三节　P2P 融资

P2P 是 peer-to-peer 的缩写，可以理解为“伙伴对伙伴”的意思。P2P 使得网络上的沟通变得更容易，通过直接共享和交互，真正地消除中间商。具体到融资，P2P 金融是指自然人或中小微企业相互间一对一的小额借贷交易，但通常需要借助电子商务专业网络平台帮助借贷双方确立借贷关系并完成相关交易手续。

一、P2P 融资简介

在相当长一段时间内，中国中小微企业的融资需求很难从银行等间接融资渠道中得到满足，加上民间借贷受到很大的压制。随着互联网电子商务开始发展，互联网金融服务也开始逐步发展起来，国内 P2P 融资平台发展迅猛，大有弯道超车的发展趋势。

P2P 融资平台一般宣称自己有两个起源：一个是尤努斯（又称尤纳斯）教授；另一个是英国的 Zopa。前者是基于建立穷人的银行的理解设立的小额贷款模式，后者是基于 21 世纪计算机网络技术的快速发展而应运而生的个人对个人直接借贷的新模式。

P2P 融资服务对象数量多、范围广，需要规避非法集资和非法借贷的风险，将线上线下巧妙结合起来，通过第三方平台将钱放心大胆地借给别人。所以 P2P 不吸储，不放贷，只对信息配对，为投融资双方牵线搭桥，打造一个高效率、低成本的投融资信息平台。

P2P 融资通常以公司为中介平台，把借贷双方对接起来实现各自的借贷需求。借用款者可以在平台上自行发布借用款信息，包括金额、利息、还款方式和时间，实现自助式融资和投资。借款方可以是无抵押贷款或是有抵押贷款。而中介一般是收取双方或单方的手续费为盈利目的，或者是赚取一定息差为盈利目的的新型理财模式。

二、P2P 融资业务模式

P2P 融资可帮助小微企业快速安全融资，并为大众提供了一个投资理财平台。其业务运作主要有三种模式：第一种是纯线上模式，是纯粹的 P2P，在这种平台模式上纯粹进行信息匹配，帮助资金借贷双方更好地进行资金匹配，但缺点明显，这种线上模式并不参与担保。第二种是债权转让模式，平台本身先行放贷，再将债权放到平台进行转让，很明显能让企业提高融资端的工作效率，但容易出现资金池，不能让资金充分发挥效益。第三种是提供本金甚至利用利息担保的P2P模式，这种模式是金融市场的主流模式，本金担保的P2P模式实质是间接接触资金的概念。

另外，传统P2P还可以延伸和升级为P2C模式，它依靠战略合作的融资性担保公司，为企业做实地的贷前审查、资质审查、经营流水审查以及业务能力和财务报表等审核，贷后监管上也基本能做到实地，每个月考察资金使用情况及业务运转、经营状况，在最大程度上保证企业正常运营和还款能力，从而确保投资者资金的安全。

三、短期周转性融资

短期周转性融资也称短期借款或过桥贷款，是针对短期资金周转需求而设置的抵押贷款品种，可用于个人或中小企业短期资金周转。

1. 短期周转性融资的类型。

短期周转融资可分为抵押贷款、质押贷款和纯信用贷款等类型，但通常以抵质押贷款为主。抵质押贷款中抵质押物可以是全款房产、按揭房产、车辆。

2. 短期周转性融资的要求条件。

中小企业申请短期抵质押贷款，通常需要具备抵质押物及以下条件：

（1）具有稳定收入来源，具有按期偿付抵押担保本息的能力；

（2）拥有产权的商品房、别墅、公寓、底商、写字楼、按揭房、成本价房、央产房等；

（3）手续齐备，能够办理抵押登记手续及上市流通。

需要注意的是，通过P2P平台办理短期周转融资时，借款金额最高不超过房屋或汽车等抵质押物评估价的80%，贷款期限通常不低于1个月，不超过12个月。

P2P短期周转融资通常要比银行贷款审批手续更简单便捷，放款速度快，还款方式更灵活。

部分平台还可以提供无抵押信用贷款，这些平台通常规模较大，有比较完善的风险控制措施和信用管理工具。如拍拍贷平台可提供最高50万元的短期资金周转金额，利率水平也可根据贷款人的信用水平浮动，最低月利率可到1.08%，周转资金使用期限比较灵活，3~12个月内由企业自主决定。

P2P平台通常只向借款中小企业和自然人收取服务费，收费标准由P2P平台自行制定。如上述拍拍贷平台没有前期费用，只在融资成功后收取服务费。借款期限6个月（含）以下，成交收取2%的服务费；借款期限6个月以上，成交收取4%的服务费。

四、二手车抵押贷款

二手车抵押贷款服务是一项专门面向小企业、个体商户、创业者的短期小额信贷服务，因其时间短、门槛低、放款快、周转灵活等特点而被市场广泛接受，绝大多数P2P平台都有此项业务，发展势头方兴未艾。

二手车抵押贷款分押车与不押车两种业务形式。前者要把车辆移交到平台公司代为保管，放在专门存放汽车的停车场，24小时有专人看管，定期给车辆打火热车；后者客户只是把手续押在公司，车辆还是自己使用，需要办理抵押登记。该项贷款业务灵活、快捷，额度一般可达到评估的5~7成，若手续齐全，一般可以当天放款。

1. 申请条件。

二手车抵押贷款通常需要具备以下申请条件：

（1）抵押车辆为五年内自备的（非营运）轿车、吉普车、商务车。

（2）借款人具有完全民事行为能力，其年龄男性为22~60周岁，女性为20~55周岁，单身的借款人需提供担保人（一般为父母）。

（3）具有良好的个人社会信用，无不良信贷记录。

（4）有正当的职业和稳定的经济收入，具有按期偿还本息的能力。

（5）在当地有房产证明。

2. 申请手续。

申请人除要按规定填写借款申请书外，通常还应当提供如下申请资料：

（1）夫妻双方身份证、户口本、结婚证（单身需提供民政部门出具的单身证明以及户籍证明）原件。

（2）职业和经济收入证明，包括但不限于单位开具的收入证明、银行存单、信用卡对账单、纳税证明（公司类）及本人名下的住宅房产证以及土地使用权证等。

（3）车辆交强险（没有的可以办贷款时一起投保）、车辆行驶证、车辆登记证书、车辆钥匙等。

（4）担保所需的证明或文件，包括抵（质）押物清单和有处分权人（含财产共有人）统一抵、质押的证明；有权部门出具的抵押物所有权或使用权证明、书面估价证明（车辆发票价格结合市场公布价格所做的书面估价）、同意保险的文件；质押物需要付质押物或权利证明文件；保证人同意履行连带责任保证的保证合同，有关资信证明材料或满足信用贷款条件的证明文件。

（5）P2P 平台要求提供的其他文件资料。

五、房产抵押贷款

房产抵押贷款业务发展已非常成熟，拥有包括银行、信托、典当、小贷公司、P2P 网贷等多种贷款途径。而在 P2P 主要风控模式中，房产抵押也被业内称为最安全的风控模式，许多 P2P 融资平台都有涉及此类项目。

在 P2P 融资平台上的房产抵押贷款业务，是借款人以自有房地产作为抵押物向出借人提供担保，在平台上发标借款的融资方式。抵押物经过平台风控团队实地评估后并在相关部门（房管局）办理抵押登记手续。借款人必须在约定期限内如数归还借款，否则出借人有权处理抵押物，用以偿还约定的借款本金、利息、罚息、违约金等其他费用。P2P 融资平台的房产抵押贷款的利率一般在 10% 以上。与银行相比，P2P 房产抵押贷款的利率要高，但是具有贷款门槛低、手续办理简单、放款速度快等优势。在贷款时间上，主要以短期融资为主，平台在借款期限的设定上基本上在 12 个月以内。

六、动产质押贷款

动产质押贷款是指借款个人或企业将其动产移交金融机构（债权人）占有，将该动产作为债权的担保。借款人不履新债务时，金融机构（债权人）有权依照《担保法》中的规定以该动产折价或者以拍卖、变卖该动产的价款优先受偿。与抵押相比，质押由于实施了转移占有，担保物的安全性和完整性能够得到有效保障，担保物权更容易实现，因此，无论是对于借款个人还是借款企业，在无不动产的情况下动产质押是一种比较好的融资担保方式。

1. 方式。

前述二手车抵押贷款实质上也是动产质押融资，动产质押融资方式主要还有其他两种方式：存货质押融资和应收账款质押融资。

（1）存货质押融资。借款人将存货存放在金融机构指定的仓库内，由金融机构指定的第三方代为管理和保管。借款人在质押期间销售存货后，购货人直接将购货款支付到金融机构指定的借款人账户中，金融机构用所得购货款直接冲减借款。

（2）应收账款质押融资。指企业将现存的应收账款作为质物，向金融机构取得短期融资借款的一种担保方式。不能用将来的应收账款出质，即债权人在产生应收账款的基础合同的义务已经完全充分履行完毕；债权人应对应收账款拥有完整、合法、有效的债权，不存在合同或法律纠纷，同时应收账款的基础合同合法有效。

2. 特点。

动产质押融资具有以下特点：

（1）动产质押物品种多样化，与不动产相比较灵活。

（2）动产质押物在质押期内可进行替换质押，在质押期内金融机构认可借款人置换新旧质押物。

（3）因产品的特殊性需要引入监管第三方，对质押物进行24小时监管，解决金融机构因缺乏保管场地、专业技术人员或监控设备难以对质押动产进行有力有效监控的问题。

（4）动产质押盘活了个人或企业的流动资产，拓宽了融资渠道，可增加借款人扩大再生产的能力，提高资本收益率。

（5）融资成本低，手续简便。与不动产抵押贷款相比，借款人或企业只需向监管公司支付监管费用，省去评估、抵押登记、担保等环节的相关费用，对于借款人来说不但降低了融资成本，操作手续也更简便。

七、股权质押融资

股权质押融资是指借款人以其持有的股份有限公司或有限责任公司的股份作为质押担保，P2P融资平台为其提供融资贷款的业务。股权质押是将中小企业静态的股权盘活为可用的流动资金而发放的贷款。

对于资金缺乏的中小微企业来说，股权质押贷款解决了在没有抵押物融资过程中担保难的问题。对于P2P平台和贷款人而言，个人或企业将股权质押后，出质股权被登记锁定，无法转让，提高了贷款的安全性和成功率。相对于个人或中小微企业融资需求和巨额的股权资产来说，股权质押贷款业务未来发展前景广阔。

（1）股权质押融资借款人除了要提交股权质押贷款申请书，通常还需要提供以下申请资料：

➢ 企业营业执照正副本、组织机构代码等企业身份证明资料。

➢ 公司章程。

➢ 企业股东名册、公司法定代表人及股东身份证、股东出资证明书。

➢ 企业近年的财务报表，特别是近半年的财务报表。

➢ 企业对外欠款及对外担保情况说明。

➢ 董事会或股东会同意股权质押的决议。

➢ 证明款项用途及还款来源的资料（购销合同）。

（2）向工商部门办理股权质押登记，需要提交以下资料：

➢ 质押双方出具质押登记申请书原件。

➢ 质押双方出具质押登记声明书，以及出质方的出质证明书。

➢ 出质人企业董事会或股东会同意股权质押的决议（公司章程规定董事会亲笔签名）原件。

➢ 股权质押合同及公证书。

➢ 双方法人营业执照复印件，双方法人、代表人身份证明及身份证复印件，双方法人、代表人授权委托书，双方经办人身份证复印件。

➢ 最近期的资产负债表、利润表、现金流量表及股东权益变动表。

➢ 工商行政管理机关要求提供的其他资料。

八、银行过桥资金

银行过桥资金是一种短期资金的融通，是一种还旧借新的资金拆借。这种业务，专为解决个人或企业在银行贷款到期需续期或他行转贷，个人或企业无足额资金归还银行贷款，需要临时拆借资金周转，归还老的银行贷款，再贷出新的银行贷款，用以归还临时周转拆借的资金业务。

1. 办理。

P2P 平台银行过桥资金融资需要申请人提交以下资料：

（1）法人身份证件、营业执照副本、税务登记证副本、组织机构代码证。

（2）公司章程。

（3）企业贷款卡。

（4）近一年企业及个人（法人或股东）银行资金流水。

2. 业务类型。

银行过桥业务通常有以下几种类型：

（1）借款人需将原有银行贷款结清并解除抵押登记手续，新贷款银行出具批贷确认函，承诺在抵押物完成抵押登记后发放新贷款，借款人用以归还拆借资金。

（2）借款人在原贷款银行贷款到期需要先将原有贷款结清，原贷款银行再根据新贷款用途发放贷款（注：这类贷款品种属于循环贷款），借款人用以归还拆借资金。

（3）借款人（售房人）出售的房产有银行贷款未有资金能力结清，购房人在申请商业贷款批贷后，由融资机构替借款人将银行贷款结清，并协助购房人办理产权过户手续，新产权证抵押给银行后，银行将房屋贷款打入售房人在此银行开设的新账户，借款人用以归还拆借资金。

(4) 借款人（售房人）出售的房产有银行贷款未有资金能力结清，购房人申请公积金贷款需要产权证不能有抵押，由融资机构先替借款人将银行贷款结清解押，并协助购房人进行公积金贷款申请，一般公积金面谈后就可以办理产权过户手续，新产权证抵押给公积金担保中心后，银行将房屋贷款打入售房人在此银行开设的新账户，借款人用以归还拆借资金。

第四节 典当融资

一、典当融资简介

典当融资，指中小企业在短期资金需求中利用典当行救急的特点，以质押或抵押的方式，从典当行获得资金的一种快速、便捷的融资方式。典当行作为国家特许从事放款业务的特殊融资机构，与作为主流融资渠道的银行贷款相比，其市场定位在于：针对中小企业和个人，解决短期需要，发挥辅助作用。正因为典当行能在短时间内为融资者提供更多的资金，目前正获得越来越多创业者的青睐。

1. 典当融资简介。

典当是指当户将其动产、财产权利作为当物质押或者将其房地产作为当物抵押给典当行，交付一定比例费用，取得当金并在约定期限内支付当金利息、偿还当金、赎回典当物的行为。典当行是指依照我国《公司法》和《典当行管理办法》设立的专门从事典当活动的企业法人。典当迄今已有 1 700 多年的历史。在中国近代银行业诞生之前，典当是民间主要的融资渠道，在调剂余缺、促进流通、稳定社会等方面占据相当重要的地位。现在典当行是以实物占有权转移形式为非国有中小企业和个人提供临时性质押贷款的特殊金融企业。

中小企业融资贷款额度比较小、周期短、频率高、需求急的特点与典当行小额性、短期性、安全性、便捷性等本质特点相吻合，作为融资伙伴有着天然的血缘关系。典当的社会功能就是救急解难，能为中小企业提供其需要的融资服务。现在中小企业发工资、买原材料、订货，要钱找银行根本来不及，“10 万的贷款和办 1 000 万的贷款走的程序都一样，很多小企业等不了”。不少需要资金流动的小企业都有体会，银行的大门虽然敞开着，但“门槛”高高在上，令小微企业望而却步。因此，对大部分有意创业的人来说，“找米下锅”是创业的头等大事。而典当融资作为一种新型融资方式，更是一种特殊的融资方式，弥补了银行融资的不足。

2. 典当融资的特点。

典当融资具有以下三大基本特点：

（1）典当融资方式具有较高的灵活性。

主要表现在以下四个方面：

➢ 当物的灵活性。典当行一般接受的抵押、质押物品范围包括金银饰品、古玩珠宝、家用电器、机动车辆、生活资料、生产资料、商品房产、有价证券等，这就为中小企业的融资提供了广阔的当物范围。

➢ 当期的灵活性。典当的期限最长半年，在典当期限内当户可以提前赎当，经双方同意可以续当。

➢ 当费的灵活性。典当的息率和费率在法定最高范围内灵活制定，往往要根据淡旺季节、期限长短、资金供求状况、通货膨胀率的高低、当物风险大小及债权人与债务人的交流次数和关系来制定。

➢ 手续的灵活性。对那些明确无误、货真价实的当物，典当手续十分简便，当物当场付款；对那些需要鉴定、试验的当物，典当行则会争取最快的速度来为出当人解决问题。

（2）融资限制条件较少。

典当融资方式对中小企业的限制较少，主要体现在以下两个方面：

➢ 对客户提供的当物限制条件较少。中小企业只要有值钱的东西，一般就能从典当行获得质押贷款。我国2001年8月正式实施的《典当行管理办法》对典当行收当财产的限制较少，不得收当的财产包括四类：a. 依法被查封、扣押或者已被采取其他保全措施的财产；b. 易燃、易爆、剧毒、放射性物品及其容器；c. 赃物和来源不明物品或者其他财物或者财产权利；d. 法律、法规及国家有关规定禁止买卖的自然资源或者其他财物。中小企业所拥有的财产只要不在上述范围之内，经与典当行协商同意，便可作为当物获得典当行提供的质押贷款。

➢ 对企业的信用要求和贷款用途限制较少。通常，典当行对客户的信用要求几乎为零，对贷款用途的要求很少过问。典当行向企业提供质押贷款的风险较少。如果企业不能按期赎当和交付利息及有关费用，典当行可以通过拍卖当物来避免损失。这与银行贷款情况截然不同。银行对中小企业贷款的运作成本太高，对中小企业贷款的信用条件和贷款用途的限制较为严格。

（3）典当融资的特点。

典当行业作为特殊的金融机构，典当融资区别于其他金融借贷行为，作为一种特殊的融资方式，其在经营中体现出以下五大本质特征：

➢ 融资性。典当是一种融资手段，它是以借贷为基础，以质押为条件，将当物转移到典当行占有，从而换取当金，达到融通资金的目的。

➢ 短期性。典当行向当户发放当金的期限往往较短，一般不超过半年。

➢ 便捷性。与其他融资方式相比，典当手续办理灵活、简单。

➢ 费用高。典当借贷的费率较高。

➢ 盈利性。典当行作为典当的经营主体，盈利必然是它所追求的目标。

我国的典当行分支机构普遍很小，规模小、店铺化的特征明显，承受风险的能力较弱，这大大削弱了典当在中小企业融资中发挥的作用。

3. 典当融资业务的优势及缺点。

（1）典当融资业务的优势。

第一，与银行对借款人资信条件近乎苛刻的要求相比，典当行对客户的信用要求几乎为零，典当行只注重典当物品是否货真价实。而且一般商业银行只做不动产抵押，而典当行则可以动产与不动产质押二者兼为。第二，到典当行典当物品的起点低，千元、百元的物品都可以当。与银行相反，典当行更注重对个人客户和中小企业服务。第三，与银行贷款手续繁杂、审批周期长相比，典当贷款手续十分简便，大多立等可取，即使是不动产抵押，也比银行要便捷许多。第四，客户向银行借款时，贷款的用途不能超越银行指定的范围，而典当行则不问贷款用途，资金使用十分自由，周而复始，大大提高了资金使用率。

（2）典当融资业务的缺点。

一是资金使用时限短，房产典当一次最长6个月，而银行贷款的期限至少半年或一年以上。二是利息数额高，典当当金利率按中国人民银行公布的银行机构六个月期法定贷款利率及典当期限折算后执行，（一般为2.5%～3%），月利率是银行的四五倍。三是融资规模偏小，无论是相对银行的实力，还是相对于房地产企业动辄上千万的所需开发资金数额，作为准金融机构的典当行由于发展不久，在资金实力方面普遍存在先天缺陷，其所发放的款额根本无法支撑项目的开发所需。

二、典当融资的基本程序

各典当机构营业规则虽然各有特点，但遵循的业务流程基本一致，主要包括以下五个步骤：

1. 审当。

这个环节的主要工作是验明当物的归属权。当户必须提供当品合法有效的归属证件，以证明物品归当户所有，同时要提交当户身份证明证件（企业提交营业执照、组织机构代码证等）进行审核建档。

2. 验当。

既核对当物的发票、单据，由专业典当评估人员（古称“朝奉”）或是评估机构对当物进行估值，最终确定当金额度、典当折算率、综合费率、当期（不超过6个月）及利率。据了解，我国现行的《典当行管理办法》规定：典当利率不能超过同期银行标准利率的四倍。典当金额的折算也是根据当品的变现能力进行，一般来说会按照当品的四成至六成进行折算，若当品变现能力强如贵金属等，也有可能给予九成的折算率。

3. 收当。

签订当票、典当协议书后，典当行将当品收当入库，扣除综合费后支付当金。至此，企业就能获得流动现金，用于企业生产经营。根据现行管理办法，典当的综合费用由典当行从当金中扣除。

4. 赎当。

当户在当票到期后需凭当票到典当行办理赎当手续，在赎当之前必须结清当金及利息，才能办理出库手续，当品及发票才能归还当户。

5. 续当。

当票到期后若当户暂时不归还当金，需凭当票至典当行办理续当手续，同时必须支付本期当金利息，再对当物进行再次查验，签订续当合同及协议。续当期间的利率、费率不发生改变，但是续当期不能超过原当期。

受到旧观念的影响，许多人认为典当行与高利贷是同义词，从而对这种行之有效的融资方式避之唯恐不及。笔者从地方典当行业协会了解到，我国现行的《典当行管理办法》、《典当业治安管理办法》已经对典当行业进行约束及监管，目前典当行业业主也都主动请求国务院出台相应的规范化法规。

如果说银行贷款是为中小企业发展“锦上添花”，那么将典当融资比作为中小企业“雪中送炭”一点都不为过。典当行的飞速发展顺应了当前民营经济和中小企业的发展需求，通过正规的典当行进行融资，远比通过民间高利贷进行融资来得健康，最重要的是典当行融资本着手续便利、当物多样化、不限资金用途的特点，能真正为企业解燃眉之急。

第五节　融资租赁

一、融资租赁简介及分类

融资租赁，又称金融租赁或财务租赁，是指出租人根据承租人对供货人和租赁标的物的选择，由出租人向供货人购买租赁标的物，然后租给承租人使用。我国的融资租赁业务，是指经中国银行业监管管理委员会（中国银监会）批准经营融资租赁业务的单位和经对外贸易经济合作主管部门批准经营融资租赁业务的外商投资企业、外国企业开展的融资租赁业务。

1. 融资租赁业务的具体内容。

融资租赁业务，具体是指出租人根据承租人对租赁物件的特定要求和对供货人的选择，出资向供货人购买租赁物件，并租给承租人使用，承租人则分期向出租人支付租金，在租赁期内租赁物件的所有权属于出租人所有，承租人拥有租赁物件的使用权。租期届满，租金支付完毕并且承租人根据融资租赁合同的规定履行完全部义务后，对租赁物的归属没有约定的或者约定不明的，可以协议补充；不能达成补充协议的，按照合同有关条款或者交易习惯确定，仍然不能确定的，租赁物件所有权归出租人所有。融资租赁是集融资与融物、贸易与技术更新于一体的新型金融产业。由于其融资与融物相结合的特点，出现问题时租赁公司可以回收、处理租赁物，因而在办理融资时对企业资信和担保的要求不高，非常适合中小企业融资。

2. 融资租赁与传统租赁的区别。

融资租赁和传统租赁的本质区别是：传统租赁以承租人租赁使用物件的时间计算租金，而融资租赁以承租人占用融资成本的时间计算租金。融资租赁是市场经济发展到一定阶段而产生的一种适应性较强的融资方式，是20世纪50年代产生于美国的一种新型交易方式，由于它适应了现代经济发展的要求，所以在20世纪60~70年代迅速在全世界发展起来，当今已成为企业更新设备的主要融资手段之一，被誉为“朝阳产业”。我国20世纪80年代初引进这种业务方式后，二十多年来也得到迅速发展，但比起发达国家，租赁的优势还远未发挥出来，市场潜力很大。

3. 融资租赁与分期付款的区别。

融资租赁与分期付款的区别主要体现以下八个方面：

（1）分期付款是一种买卖交易，买者不仅获得了所交易物品的使用权，而且获得了物品的所有权。而融资租赁则是一种租赁行为，尽管承租人实际上承担了由租赁物引起的成本与风险，但从法律上讲，租赁物所有权名义上仍归出租人所有。

（2）融资租赁和分期付款在会计处理上有所不同。融资租赁中租赁物所有权属出租人所有，因此作为出租人资产纳入其资产负债表中，并对租赁物摊提折旧，而承租人将租赁费用计入生产成本。分期付款购买的物品归买主所有，因而列入买方的资产负债表，并由买方负责摊提折旧。

(3) 上面两条导致两者在税务待遇上也有区别。融资租赁中的出租人可将摊提的折旧从应计收入中扣除，而承租人则可将摊提的折旧费从应纳税收入中扣除；而在分期付款交易中则是买方可将摊提的折旧费从应纳税收入中扣除，买者还能将所花费的利息成本从应纳税收入中扣除，此外，购买某些固定资产在某些西方国家还能享受投资免税优惠。

(4) 在期限上，分期付款的付款期限往往低于交易物品的经济寿命期限，而融资租赁的租赁期限则往往和租赁物品的经济寿命相当。因此，同样的物品采用融资租赁方式较采用分期付款方式所获得的信贷期限要长。

(5) 分期付款不是全额信贷，买方通常要即期支付贷款的一部分；而融资租赁则是一种全额信贷，它对租赁物价款的全部甚至运输、保险、安装等附加费用都提供资金融通。虽然融资租赁通常也要在租赁开始时支付一定的保证金，但这笔费用一般较分期付款交易所需的即期付款额要少得多（例如在进出口贸易中买方至少需现款支付15%的贷款）。因此，同样一件物品，采用融资租赁方式提供的信贷总额一般比分期付款交易方式所能够提供的要大。

(6) 融资租赁与分期付款交易在付款时间上也有差别。后者一般在每期期末，通常在分期付款之前还有一宽限期；融资租赁一般没有宽限期，租赁开始后就需支付租金，因此，租金支付通常在每期期初。

(7) 融资租赁期满时租赁物通常留有残值，承租人一般不能对租赁物任意处理，需办理交换手续或购买等手续；而分期付款交易的买者在规定的分期付款后即拥有所交易物品，可任意处理。

(8) 融资租赁的对象一般是寿命较长、价值较高的物品，如机械设备等。

4. 融资租赁的主要特征。

融资租赁的具体特征可归纳为五个方面：

(1) 租赁物由承租人决定，出租人出资购买并租赁给承租人使用，并且在租赁期间内只能租给一家企业使用。

(2) 承租人负责检查验收制造商所提供的租赁物，对该租赁物的质量与技术条件，出租人不向承租人做出担保。

(3) 出租人保留租赁物的所有权，承租人在租赁期间支付租金而享有使用权，并负责租赁期间租赁物的管理、维修和保养。

(4) 租赁合同一经签订，租赁期间任何一方均无权单方面撤销合同。只有租赁物毁坏或被证明为已丧失使用价值的情况下方能中止执行合同，无故毁约则要支付相当重的罚金。

(5) 租期结束后，承租人一般对租赁物有留购和退租两种选择，若要留购，购买价格可由租赁双方协商确定。

5. 融资租赁的分类。

融资租赁主要分为以下六种类型：

（1）简单融资租赁。简单融资租赁是指由承租人选择需要购买的租赁物件，出租人通过对租赁项目风险评估后出租租赁物件给承租人使用。在整个租赁期间，承租人没有所有权，但享有使用权，并负责维修和保养租赁物件；出租人对租赁物件的好坏不负任何责任，设备折旧在承租人一方。

（2）杠杆融资租赁。杠杆租赁的做法类似银团贷款，是一种专门做大型租赁项目的有税收好处的融资租赁，主要是由一家租赁公司牵头作为主干公司，为一个超大型的租赁项目融资。首先成立一个脱离租赁公司主体的操作机构——专为本项目成立资金管理公司提供项目总金额20%以上的资金，其余部分资金来源则主要是吸收银行和社会闲散游资，利用100%享受低税的好处“以二博八”的杠杆方式，为租赁项目取得巨额资金。其余做法与融资租赁基本相同，只不过合同的复杂程度因涉及面广而随之增大。由于可享受税收好处、操作规范、综合效益好、租金回收安全、费用低，一般用于飞机、轮船、通信设备和大型成套设备的融资租赁。

（3）委托融资租赁。委托融资租赁一共有两种方式：第一种方式是拥有资金或设备的人委托非银行金融机构从事融资租赁，第一出租人同时是委托人，第二出租人同时是受托人。出租人接受委托人的资金或租赁标的物，根据委托人的书面委托，向委托人指定的承租人办理融资租赁业务。在租赁期内，租赁标的物的所有权归委托人，出租人只收取手续费，不承担风险。这种委托租赁的一大特点就是让没有租赁经营权的企业可以“借权”经营。电子商务租赁即依靠委托租赁作为商务租赁平台。第二种方式是出租人委托承租人或第三人购买租赁物，出租人根据合同支付货款，又称委托购买融资租赁。

（4）项目融资租赁。即承租人以项目自身的财产和效益为保证，与出租人签订项目融资租赁合同，出租人对承租人项目以外的财产和收益无追索权，租金的收取也只能以项目的现金流量和效益来确定。一般地，出卖人（即租赁物品生产商）通过自己控股的租赁公司采取这种方式推销产品，以扩大市场份额。通信设备、大型医疗设备、运输设备甚至高速公路经营权都可以采用这种方法。其他还包括：返还式租赁，又称售后租回融资租赁；融资转租赁，又称转融资租赁等。

（5）经营性租赁。即在融资租赁的基础上计算租金时留有超过10%以上的余值，租期结束时，承租人对租赁物件可以选择续租、退租、留购。出租人对租赁物件可以提供维修保养，也可以不提供，会计上由出租人对租赁物件提取折旧。

（6）国际融资转租赁。租赁公司若从其他租赁公司融资租入的租赁物件再转租给下一个承租人，这种业务方式叫融资转租赁，一般在国家间进行。此业务操作同简单融资租赁无太大区别。出租方从其他租赁公司租赁设备的业务过程，由于是在金融机构间进行的，在实际操作过程中，只是依据购货合同确定融资金额，在购买租赁物件的资金运行方面始终与最终承租人没直接的联系。在做法上可以很灵活，有时租赁公司甚至直接将购货合同作为租赁资产签订转租赁合同。这种做法实际是租赁公司融通资金的一种方式，租赁公司作为第一承租人不是设备的最终用户，因此也不能提取租赁物件的折旧。转租赁的另一功能就是解决了跨境租赁的法律和操作程序问题。

6. 融资租赁的功能。

融资租赁具备以下四种功能：

（1）融资功能。融资租赁从其本质上看是以融通资金为目的的，它是为解决企业资金不足的问题而产生的，需要添置设备的企业只需付少量资金就能使用到所需设备进行生产，相当于为企业提供了一笔中长期贷款。

（2）促销功能。融资租赁可以用以租代销的形式为生产企业提供金融服务：一方面可避免生产企业存货太多，导致流通环节的不畅通，有利于社会总资金的加速周转和国家整体效益的提高；另一方面可扩大产品销路，加强产品在国内外市场上的竞争能力。

（3）投资功能。租赁业务也是一种投资行为。租赁公司对租赁项目具有选择权，可以挑选一些风险较小、收益较高以及国家产业倾斜的项目给予资金支持；同时一些拥有闲散资金、闲散设备的企业也可以通过融资租赁使其资产增值。融资租赁作为一种投资手段，使资金既有专用性，又改善了企业的资产质量，使中小企业实现技术、设备的更新改造。

（4）资产管理功能。融资租赁将资金运动与实物运动联系起来。因为租赁物的所有权在租赁公司，所以租赁公司有责任对租赁资产进行管理、监督，控制资产流向。随着融资租赁业务的不断发展，还可利用设备生产者为设备的承租方提供维修、保养和产品升级换代等特别服务，使用户经常能使用上先进的设备，降低使用成本和设备淘汰的风险，尤其是对于售价高、技术性强、无形损耗快或利用率不高的设备有较大好处。

7. 融资租赁业务的风险。

融资租赁的风险来源于许多不确定因素，是多方面并且相互关联的，只有在业务活动中充分了解各种风险的特点，才能全面、科学地对风险进行分析，制定相应的对策。融资租赁的风险种类主要有以下几种：

（1）产品市场风险。在市场环境下，不论是融资租赁、贷款或是投资，只要把资金用于添置设备或进行技术改造，首先应考虑用租赁设备生产的产品的市场风险，需要了解产品的销路、市场占有率和占有能力，产品市场的发展趋势、消费结构以及消费者的心态和消费能力。若对这些因素了解得不充分，调查得不细致，有可能加大市场风险。

（2）金融风险。因融资租赁具有金融属性，故金融方面的风险贯穿于整个业务活动之中。对于出租人来说，最大的风险是承租人的还租能力，它直接影响租赁公司的经营和生存，因此，对还租的风险从立项开始就应该备受关注。货币支付也会有风险，特别是国际支付，支付方式、支付日期、时间、汇款渠道和支付手段选择不当，都会加大风险。

（3）贸易风险。因融资租赁具有贸易属性，贸易方面的风险从订货谈判到试车验收都存在着风险。由于商品贸易在近代发展得比较完备，社会也相应建立了配套的机构和防范措施，如信用证支付、运输保险、商品检验、商务仲裁和信用咨询都对风险采取了防范和补救措施，但由于人们对风险的认识和理解的程度不同，有些手段又具有商业性质，加上企业管理的经验不足等因素，这些手段未被全部采用，使得贸易风险依然存在。

（4）技术风险。融资租赁的好处之一就是可以先于其他企业引进先进的技术和设备。在实际运作过程中，技术的先进与否、先进的技术是否成熟、成熟的技术是否在法律上侵犯他人权益等因素，都是产生技术风险的重要原因。严重时，会因技术问题使设备陷于瘫痪状态。其他还包括经济环境风险、不可抗力等等。

二、融资租赁业务操作流程

中小企业办理融资租赁业务，大致需要遵循以下操作流程：

第一步，中小企业向金融租赁公司业务部门或其分支机构、代理机构提出融资租赁申请，填写项目申请表。

第二步，金融租赁公司业务部门或其分支机构、代理机构根据企业提供的资料对其资信、资产及负债状况、经营状况、偿债能力、项目可行性等方面进行调查。

第三步，金融租赁公司业务部门或其分支机构、代理机构调查认为具备可行性的，其项目资料报送金融租赁公司审查。

第四步，金融租赁公司要求项目提供抵押、质押或履约担保的，企业应提供抵押或质押物清单、权属证明或有处分权的同意抵押、质押的证明，并与担保方就履约保函的出具达成合作协议。

第五步，若项目经金融租赁公司初步审查未通过，企业应根据金融租赁公司要求及时补充相关资料。补充资料后仍不能满足金融租赁公司要求的，该项目撤销，项目资料退回企业。

第六步，融资租赁项目经金融租赁公司审批通过的，相关各方应签订合同。

第七步，办理抵押、质押登记，冻结，止付等手续。

第八步，承租方在交付保证金、服务费、保函费及设备发票后，金融租赁公司开始投放资金。

第九步，金融租赁公司业务部门、分支机构或代理机构负责监管项目运行情况，督促承租方按期支付租金。

第十步，租期结束时，承租方以低价回购。

三、融资租赁相关法律规范

《合同法》第二百三十七条规定，融资租赁合同是出租人根据承租人对出卖人、租赁物的选择，向出卖人购买租赁物，提供给承租人使用，承租人支付租金的合同。融资租赁通常的做法是出租人出资购买承租人选定的技术设备或其他物资，作为租赁物出租给承租人，承租人按合同约定取得租赁物的长期使用权，在承租期间，按合同约定的期限支付租金，租赁期满按合同约定的方式处置租赁物。

融资租赁合同对租赁物的处理采取下面三种形式：

（1）退租法。即商品租赁合同期满，承租人按租赁合同约定的要求将租赁物退还给出租人，由出租人自行处理出租物。由于租赁物在出租期满内一般均已达到使用期限，出租人收回后难以再租或转让，所以，对租赁物期限届满后的处理一般不采用这种方法。

（2）续租法。即在租赁合同期间届满前的合理时间内，承租人应通知出租人就租赁物的继续租用进行协商，确定续租期限、租金等内容，在融资租赁合同期间届满时签订续租合同。

（3）留购法。即商品承租人支付名义货价后获得出租物的所有权，承租人获得租赁物的所有权，进行固定资产投资，这种方法对出租人、承租人均有利，所以，融资租赁合同期间届满后，对租赁物的处理一般多采用这种方式方法。

postscript 后记

书稿即将付梓之际，有几多感想，略记于后，与读者共享。

一是感恩。1996 年，我从中国人民大学法学院毕业，机缘巧合进入人民银行山东省分行工作，后来并入济南分行，2011 年调入北京联合大学。其间，经历了四个处室，多个工作岗位的历练。长期的中央银行工作历练，使我不仅从一个金融业的门外汉变成一名金融业界人士，也受到了比较全面的金融法律训练，更结交了一批有思想、有追求的金融业界同仁和若干知己好友。现在，虽然换了一个新的行业，但还是与金融业有割不断的感情和联系，不仅把金融法作为我研究的一个主要方面，还希望能把原来工作中一直思考的中小企业融资问题形成一个相对完整、对现实有指导作用的材料，算是对在人民银行这段工作的一个总结和回报。

二是感慨。原来的人民银行工作使我可以了解国家宏观金融政策规定和微观金融实务，后来从事的法律教学和律师实务工作又使我得以从法律的视角关注中小企业融资难题。这中间最为感慨的是中小企业融资难。从供给的视角看，供给严重不足长期存在，可以说是大型金融机构不疼，中小型金融机构不爱，传统型金融机构不喜，新型金融机构不宠。从需求的视角看，中小企业贷款需求满足率未见实质提升，满足银行贷款条件者不足五成，能够取得银行贷款者又是不足五成，在资本市场融资成功者更是凤毛麟角，借助民间借贷则是饮鸩止渴。从法律的视角看，法律红线处处设防，屡屡有人因贷款诈骗罪、非法吸收公众存款罪、非法集资罪而身陷囹圄，更有若干中小企业因联户联保而破产倒闭。

三是感念。中小企业要生存、发展和壮大，离不开两个最基本的要素：一个是技术，它是创业创新的基础；一个是资金，它是发展壮大的平台。两者犹如鸟之双翼，兼具方可自由飞翔，遨游长空，后者更现实，也更迫切。目前，我国已进入大众创业、万众创新的新时代，中小企业又将迎来一个快速发展的春天，解决融资难题是国家扶持中小企业发展若干举措的重中这重。从鼓励银行放松贷款到拓宽资本市场融资渠道，从支持创新股权融资到放松民间借贷限制，中小企业融资渠道已然越来越宽。然而，受限于传统的思维，大多数中小企业或者重视技术创新，或者重视市场营销，不到急需时不考虑融资问题，而且通常只把目光盯在银行贷款上，没有整体的融资渠道概念，无法找到最适合本企业的融资工具，不仅难以助力企业发展，甚至还可能成为企业脱困的绊脚石。

知己知彼，方能百战不殆。中小企业融资成本、融资机会、融资风险更复杂，也更需要统筹规划。为此，本书作者结合在中央银行工作中掌握的融资政策和从事中小企业融资服务的操作经验，本着简明扼要的原则，编写了这本介绍中小企业融资渠道、政策与实务的专业用书，以期共同编织起一只更大、更密、更结实的翅膀，帮助中小企业找到最适合的融资工具和渠道，更快更好地发展壮大。

最后是感谢。本书是集体工作成果，共同的理念使张文亮董事长、王安国高级经济师、王静经济师自愿牺牲近半年的业余时间，查资料，写稿件，几经讨论修改才得以定稿。本书写作过程中，引用了大量的文献资料，对所有说明或未说明的文献作者表示感谢。尤其要感谢中国市场出版社的郭爱东社长和许慧主任，他们社会效益优先的理念和支持使本书得以出版。特别是许慧主任从全书构思、章节布局到遣词造句都提出了专业的修改意见，还修正了无数个专业和语法上的错误，为她的专业素养和辛苦工作点赞。道一声：辛苦了！

由于水平所限，时间紧，而且中小企业融资政策变化大、变化快，书中不当之处可能不止一二，恳请批评指正。

孔令学

2015 年 11 月于北京五道口